Die gelbe Serie

Helmut Schoeck
Der Neid und die Gesellschaft
Band 395 : : : 320 Seiten, 4. Aufl.

Helmut Schoeck
Die Lust am schlechten Gewissen
Band 464 · 160 Seiten, 3. Aufl.

Person und Revolution
Marx – Lenin – Mao
Einführung in Werk und Wirken
Herausgegeben von C. D. Kernig
Band 425 · 176 Seiten, 2. Aufl.

Revolution und Gesellschaft
Theorie und Praxis der Systemveränderung
Herausgegeben von Theodor Schieder
Band 462 · · 192 Seiten

Eugen Gürster
Die Macht der Dummheit
Band 482 · · · 288 Seiten

in der Herderbücherei

Herderbücherei

Band 507

Über das Buch

Ein führender Forscher soll nach der Menschheitskatastrophe von Hiroshima gesagt haben: „Wir haben die Sünde kennengelernt, das ist eine Erkenntnis, die wir nie wieder verlieren können." Die darauffolgenden Jahrzehnte haben gezeigt, daß er nicht nur recht hatte, sondern daß die damalige Zündung der Bombe erst der Beginn einer Entwicklung war, die die Menschheit in die fast ausweglose Situation von heute geführt hat. Nichts macht die paradoxe Situation deutlicher als die Tatsache, daß je mehr über den Frieden geredet und geforscht wird, desto rascher das Vernichtungspotential in den Arsenalen der Weltmächte wächst. – Ist die Menschheit unfähig zum Frieden?
Anliegen dieses Taschenbuchs ist es, „das Wort ‚Friede' so ernst zu nehmen wie irgend möglich, es also, wenn das überhaupt gelingen kann, dem Bereich der Pragmatik, des Mißbrauchs, der Lüge zu entziehen, die, nach Kant, Urheberin aller Zerwürfnisse ist" (R. Schneider). Friede setzt voraus, daß der propagandistische Mißbrauch dieses Wortes durchschaut und das einseitig machtorientierte Denken von gestern überwunden wird. Friede setzt ein moralisches Umdenken voraus, wie Reinhold Schneider in einer klassischen, heute wieder besonders aktuellen Studie in gedanklicher Anlehnung an den Königsberger Philosophen Immanuel Kant nachweist. Der Friedensforscher Carl Friedrich von Weizsäcker stellt die Verbindung zu unserer Gegenwart her. Er begründet, warum es sich lohnt, Reinhold Schneider und Immanuel Kant als Friedensdenker neu zu entdecken.

Reinhold Schneider
Carl Friedrich von Weizsäcker
Immanuel Kant

Friede der Welt – Schicksal der Menschheit

Herderbücherei

Herder Freiburg · Basel · Wien
Freiburger Graphische Betriebe 1974
ISBN 3-451-07507-5

INHALT

VORWORT ZUR TASCHENBUCHAUSGABE

Die atomare Bedrohung unserer Zeit hat Kants Einsicht bestätigt, daß sich das Schicksal der Menschheit zwischen einer „wahren Reform der Denkungsart“ (vgl. Kants Schrift „Was ist Aufklärung?“, 1784) und dem Beharren auf partikulären, mit Gewalt durchzusetzenden Rechtsansprüchen entscheidet. Die Möglichkeit, daß ein Bestehen auf dem „Recht zum Krieg“ zu einem allgemeinen Kirchhofsfrieden führt, läßt sich politisch bis heute nicht ausschließen.

Kant entwarf eine Idee des Geschichtsverlaufs, der zufolge die Staaten durch die wachsende Unerträglichkeit der Kriege wie von einer Naturnotwendigkeit gezwungen werden, um des Überlebens willen einen allgemeinen Friedenszustand zu sichern. Die Notwendigkeit, angesichts dieser Gefahr über die Beschränktheit einer nationalen Politik hinauszugelangen und Gerechtigkeit und Frieden unter den Staaten institutionell zu begründen, führte zur Errichtung des Internationalen Gerichtshofes im Haag. In der Folgezeit gingen mehrere Forderungen Kants in die praktische Politik ein, vor allem der Völkerbund zum Schutz des Friedens, republikanische Verfassungen der Staaten, das Selbstbestimmungsrecht der Völker und die öffentliche Verantwortung auch der Außenpolitik.

Um die gleichwohl andauernde Bedrohung durch Krieg zu überwinden, ist eine ‚Reform der Denkungsart‘ im politischen Bereich noch zu leisten. Die Staaten, die sie vollziehen, verschaffen dem Völkerrecht dadurch Geltung, daß sie für ihr Handeln nur solche Regeln zulassen, die sie auch als allgemeines Gesetz aller Völker wollen können: die Wahrung eines internationalen Rechtszustandes hat jeder nationalen Interessenpolitik ihre Grenzen zu setzen. Mit dem Grundsatz der unbedingten Pflicht, das Völkerrecht zu achten, führt Kant die Moral als Prinzip wahrer Friedenspolitik ein.

„Noch immer ist seine Friedensschrift, vielleicht die bedeutendste und reifste, auch gerechteste ihrer Art, unvernutzt“, schrieb Reinhold Schneider 1956 über Kants philosophischen Entwurf von 1795.

Bei der Entgegennahme des Friedenspreises des Deutschen Buchhandels von 1956 hat Reinhold Schneider in seiner Rede in der Frankfurter Paulskirche und bald danach in dem bisher nicht veröffentlichten Vortrag „Der Friede der Welt“ in Düsseldorf bei der Darlegung seiner Gedanken auf den Königsberger Philosophen Bezug genommen, um Rechenschaft abzulegen und Zeugnis zu geben vom Frieden in der Geschichte, dessen Problematik unwiderruflich ins schicksalsschwere *Entweder–Oder der Menschheit* einmündet.

Carl Friedrich von Weizsäcker fragt in seinem Vortrag „Reinhold Schneider in unserer Zeit“, den er anläßlich des 70. Geburtstages von Reinhold Schneider am 13. Mai 1973 hielt: „Dient man den heutigen Menschen, wenn man ihren Blick auf eine Gestalt der Vergangenheit lenkt? Oder wird sie eines Tages neu verständlich aus der Katakombe hervortreten?“ Die Antwort entnehmen wir aus der nachstehenden Erklärung, zu der sich der Autor nach einer Veröffentlichung seines Vortrags in ‚*Die Zeit*‘ veranlaßt sah; „Wo endet die Geschichte?“ (‚Die Zeit‘, Nr. 38, 1973):

Christliche Wahrheit

„Sie haben die Partien meines Vortrages abgedruckt, in denen ich einige meiner persönlichen Meinungen wiedergebe, haben aber das fortgelassen, was mir das Wichtigste war und weshalb allein ich diesen Vortrag gehalten habe. Es ist die Tatsache, daß Schneider ein Christ war. Alles, was Sie abgedruckt haben, sind für mich Präliminarien zu der einzig wirklich interessanten Frage der Wahrheit des Christentums, so wie Schneider sie darstellt. Ich möchte nur darauf hinweisen, daß ich nicht glaube, daß eine Politik zu etwas anderem als zum Scheitern führen kann, die diese zentralen Wahrheiten als weniger wichtig behandelt.“

Trotz unterschiedlicher Darlegung der Gedanken bilden die nachstehenden Beiträge der drei Autoren in ihrer Aussage und Konsequenz ein Bekenntnis zur „Christlichen Wahrheit“ – „die allein Voraussetzung und Grundlage des Friedens sein kann“. Dieses deutlich zu machen und an die Bedeutung dieser Frage für das Verantwortungsbewußtsein im politischen, geistigen und kulturellen Leben zu erinnern, ist Sinn und Zweck der Auswahl dieser Texte.

Reinhold-Schneider-Stiftung

REINHOLD SCHNEIDER

DER FRIEDE DER WELT

Die andern kriegen immerzu hin
– sie werden mir nichts ab kriegen noch
von meines Schreibens wegen ihr Kriegen lassen,
weil ihr Kriegsgott, der Satan, ohn Unterlaß
in ihnen als in seinem Gefäß und Tempel
nichts kann dann lügen, trügen, kriegen,
dazu Schrift biegen, also daß Morden
ihr Orden ist. Ich will ihnen auch dies
Kriegsbüchlein nicht geschrieben haben,
weil sie es nicht annnehmen, sondern denen,
so einfältig zwischen Himmel und Erden
in einem Zweifel hangen.

SEBASTIAN FRANCK:

KRIEGSBÜCHLEIN DES FRIEDENS

(1539)

Vorwort

Einziges Anliegen dieser Schrift ist, das Wort „Friede“ so ernst zu nehmen wie irgend möglich, es also, wenn das überhaupt gelingen kann, dem Bereich der Pragmatik, des Mißbrauchs, der Lüge zu entziehen, die, nach Kant, Urheberin aller Zerwürfnisse ist. Vielleicht stehen wir in unserer Phase vor unlösbaren Problemen. Vielleicht liegt auf dieser scheinbaren Unlösbarkeit die Gnade eines Durchbruchs, dessen Möglichkeit und Ziel noch nicht erkannt werden kann. Selbst wenn ein Einzelner Vorschläge zu machen hätte, die ihm als Lösungen erscheinen, so wäre es doch anmaßend, sie vorzulegen. Die Lösung, wenn es eine solche gibt, kann nur gefunden werden im Ganzen des geschichtlichen Prozesses. Wir haben diesen einen, armen und doch großen Augenblick, da wir uns noch fragen können, vor der schonungslos eingestandenen Realität. Personale Freiheit ist dem Menschen so gemäß, daß er im Vertrauen auf ihre Unabdingbarkeit, ihre Wiederherstellung, scheinbar tödlicher Bedrohung ins Antlitz blicken kann, ohne zu verzagen. (Und was den Christen angeht, so weiß er, daß es auf Schuld und Leid der Erde keine andere Antwort gibt als die gekreuzigte Wahrheit in Fleisch und Blut. Aber der Christ hat längst nicht mehr die erste Stimme – und das nicht von ungefähr.) Die Frage ist: ob wir dem uns überantworteten Erbe im Falle seiner äußersten Gefährdung das Opfer der empirischen Welt zu bringen bereit wären oder ob unser Glaube an die Gemäßheit und geistige und sittliche Macht freiheitlicher Überlieferung so stark ist, daß wir sie aus deren Wesen heraus und aus unserer Existenz, aber nicht mit Vernichtungspotenzen von letzter Tragweite, zu verteidigen suchen. Das bleibt durchaus Frage. Nur als Frage ist diese Schrift gemeint. Der Verfasser hat zu viel Achtung vor denen, die wirklich das Weltgeschick auf sich fühlen, als daß er sich ein Urteil anmaßen wollte; wichtig scheint es ihm nur, daß die propagandistischen Schleier zerrissen werden, daß das Denken von gestern, sei es politischer oder theologischer Art, in seiner Unhaltbarkeit durchschaut wird – womit keineswegs seine gestrige Berechtigung untersucht werden soll –, daß wir uns das Herz zum Augenblick fassen und, in der bittern Gnadenfrist gegenwärtigen Waffenstillstands, der nichts weniger ist als Friede, beratschlagen über das Denken, Tun, Wünschen, Forschen, Hoffen, über die Geistesverfassung also, in die allein der noch immer, fast wider die Hoffnung, erhoffte Friede der Welt wird einkehren können. Das kann nur innerhalb des schmalen Gebietes geschehen, in das wir eingeengt sind; denn Diktaturen sind, wie die Erfahrung lehrte, von außen kaum zu beeinflussen; es gehört auch kein Mut dazu, sich ihnen von außen zu widersetzen. Die Geschichte legitimiert im Sinne eines bestimmten Auftrags an einer bestimmten Stelle Denkweisen und Machtformen, die sie an der nächsten verwerfen wird. Das eigentlich Sittliche aber besteht unabhängig über dieser Legitimation. Wer sich im Geiste, im Glauben stark fühlt, kann ein ihm entgegengesetztes Denken und Tun, ja eine Macht überdauern, ohne die Bindung an das höchste Sittliche zu opfern, wie Kant das gefordert und wirkend bezeugt hat.

Noch immer ist seine Friedensschrift, vielleicht die bedeutendste und reifste, auch gerechteste ihrer Art, unvernutzt. Das Ringen um den wahrhaftigen Frieden aber gehört zu den edelsten Kennzeichen europäischer Tradition, wir würden einen wesentlichen Zug ihrer Kontinuität einbüßen, wenn wir es unter dem Todesernst unserer Stunde nicht wieder aufnehmen wollten: nicht als politische Parole, sondern unter dem Soll des Augenblicks, wie es alle getan haben, an deren Kämpfen, Denken, Leiden hier erinnert wird.

Anfang unseres Jahrhunderts wurde in Korsbetningen, vor den Mauern und hohlen Türmen der Ruinenstadt Visby auf Gotland, das Massengrab derer entdeckt, die im Kampfe um die Stadt, bei dem schauerlichen Überfall des Dänenkönigs Waldemar Atterdag (Juli 1361), gefallen waren. Von scharfkantigen Pfeilen und Äxten durchbohrte Schädel, die, wie Mönchsköpfe in der Kapuze, noch in der Eisenhaube steckten, von Schwerthieben gezeichnete oder scharf abgeschlagene Knochen lagen zwischen den schweren dänischen Ring- und Plattenpanzern, vielzinkigen Gabeln, geschwungenen Beilschneiden, den Zweihändern und durchstoßenen krummen Schilden. Es fanden sich zahnlose Kiefer, ineinander verwachsene Wirbel: auch Greise und Krüppel kämpften in dem untergehenden Aufgebot gotländischer Bauern mit. Unter diesen Resten war das Haupt eines Ritters, an dem noch Fetzen des Rumpfes und der Arme hingen: Fleisch war zu Eisen geworden. Der Kopf und das schwarze

Antlitz sind ganz von Erz umschlossen: es ist ein Schrei ohne Ende, stummer, verewigter Schrei, mitten unter uns. Ist er die Stimme unserer, aller Geschichte? Der Ritter hat bisher kein Grab mehr gefunden, und nun ist die Frage, ob dieser Schrei eine Antwort findet und dieses Denkmal namenlosen Leids aus Knochen und Erz einmal begraben werden kann.

Stockholm, August 1956

Friedensboten

Gegen Ende des Dreißigjährigen Krieges, im August 1645, wurde ein Segler, der, von Norden kommend, Kurs auf Lübeck genommen hatte, vom Sturme abgetrieben und an die pommersche Küste geworfen. Wenige Tage darauf, an einem Samstage, gelangte einer der Schiffbrüchigen, ein älterer Mann von ausgeprägten Zügen, im offenen Wagen, begleitet von sechs Dienern, nach Rostock. Er nahm Herberge, ohne seinen Namen zu nennen. Zwei Diener mußten ihn in den Saal geleiten. Er wünschte eine Suppe von Rind- oder Kalbfleisch, nicht mehr. Am Sonntag fragte die besorgte Wirtin einen der Bedienten, wie es seinem Herrn gehe. Dieser sei recht krank, war die Antwort. Die Wirtin erreichte es, daß, mit Einwilligung des Gastes, Meister Adam, ein alter erfahrener Chirurgus, gerufen wurde. Aber der erklärte bald, er traue sich nicht, den Fremden allein zu behandeln; er wünsche den Beistand eines angesehenen Arztes. Doktor Joachim Stockmann verordnete einige Arzneien und gab „guten Trost“. Aber schon am Montag abend, nach wiederholten Besuchen, mußte Dr. Stockmann gestehen, daß menschliche Hilfe erschöpft sei. Es schmerze ihn, daß ein so hochberühmter Mann so spät und in solcher Schwäche in seine Behandlung gekommen sei und in Rostock, fern seiner Heimat, sein Leben beenden müsse.

Nun erfuhr die Frau den Namen des Gastes: es war Dr. Hugo Grotius, gebürtig in Delft, ein gefeierter Rechtslehrer, der in Glaubensfragen schwere Verfolgungen erlitten hatte, bis vor einigen Jahren Gesandter der schwedischen Majestät in Paris und nun auf der Rückreise vom Hofe der Königin Christine. Bald darauf ließ der Fremdling um geistlichen Beistand bitten. Der lutherische Superintendent, Doktor Ludwig Quistorp, kannte den Namen des Sterbenden wohl. Als einen Reformierten fragte er ihn: ob er wisse, daß er ein Irrender und Sünder sei? Nur von Gottes Barmherzigkeit habe der Zöllner Erlösung erhofft. Ja, sagte der Gesandte, er sei dieser Zöllner. Er hoffe allein auf Jesus Christus. Die Wirtin übernahm in den letzten Stunden die Pflege. Als die Todesnot kam, faßte sie des Sterbenden Hand und „betete ihm vor, so gut es ihre Einfalt vermochte". Dann verschied er sanft und ohne Kampf, zwischen zehn und elf Uhr. Alle Diener fielen auf die Knie und weinten und klagten so erbärmlich, daß sie fürchtete, der so sanft entschlafene Herr Gesandte werde wieder geweckt werden.

Der Bericht vom Tode des großen Völkerlehrers[1], vom Verkünder der Menschengemeinschaft als einer Gemeinschaft eingeborenen göttlichen Rechts, der als erster im Streite der Holländer mit den Portugiesen das Wort von der Freiheit der Meere gesprochen[2], hat etwas unergründlich Symbolisches. Grotius hatte die ganze Tragik einer geistigen Existenz in der Geschichte durchlitten. An der Seite Oldenbarneveldts war er als Verteidiger einer milderen Auffassung von der Prädestination gegen die streng calvinische, der die Mehrheit seines Volkes und die Staatsmacht, vertreten von Moritz von Oranien, anhing, verurteilt worden. Oldenbarneveldt, hochverdient um die Finanzwirtschaft, die europäische und koloniale Politik Hollands, wurde, nach glänzender Verteidigung, im Haag enthauptet (13. Mai 1619). Grotius, samt seinem Gefährten Hoogerbeets, mit dem Urteil zu lebenslänglicher Haft und Konfiskation des Vermögens bestraft, wurde im Schlosse Louvestein bei Gorkum mit Frau und Kindern in einem ärmlichen Gemach eingesperrt. „Ewige Gefängnis" (eeuwige gevangenis) sollte er ausstehen. Aber daran glaubte er nicht. Über die Ewigkeit entscheidet nur Gott, gab er nach dem Spruche seinem Diener zu verstehn: ewig ist nur die Hölle. (Und wenn hier vom Frieden gesprochen werden soll, so auch nicht vom ewigen, denn dieser kann höchstens auf dem Friedhof erwartet werden, wie Leibniz und Kant bemerkten, sondern von dem in der Zeit, in der Geschichte, der fast so unfaßlich wie der ewige ist.) Aber auch das Urteil der hohen Kommission wurde von des Grotius Frau, Marie van Reigersberg, zunichte gemacht. Nach fast zweijähriger Haft gelang es ihr, den Eheherrn in einer zum Abtransport bestimmten Bücherkiste zu verbergen. Sie blieb zurück. Und gegenüber der Düsternis jener und aller Zeit ist es ein die Hoffung auf den Menschen stärkender Trost, daß die Bittschrift der Freunde erhört und der tapferen Frau schon nach wenigen Wochen das Tor geöffnet wurde. Indessen hatte der Buchhändler in Gorkum eine lebendige Fracht empfangen – nicht Papier, sondern leidend bezeugte Wahrheit, Schicksal. Grotius floh nach Frankreich und fand die Unterstützung Ludwigs XIV. Sein im Jahre 1623 auf einem

[1] Wiedergegeben von Erik Wolf in ‚Große Rechtsdenker'. Tübingen 1944.
[2] Kurt von Raumer: Ewiger Friede. München 1953.

Schlosse bei Senlis ausgearbeitetes Buch „De jure belli ac pacis" wurde fast zum Gesetzbuch der kämpfenden protestantischen Mächte. Gustav Adolf führte es in seinen Feldzügen mit sich. 1634 zog ihn der schwedische Kanzler Oxenstierna zunächst als Staatsrat in die Dienste seines Landes. Aber dauernden Erfolg hatte der Holländer als Staatsmann nicht. Mazarin mißtraute dem Gesandten; der Kanzler war nicht zufrieden. Grotius bat um seine Entlassung, die ihm von Königin Christine gewährt wurde. Als er sie besuchte, wurde er wohl mit Empfängen ausgezeichnet, mit Geschenken geehrt. Aber er war ohne Amt, als er sich nach Lübeck einschiffte.

Er hatte gekämpft für die Einigung der protestantischen Bekenntnisse, einen bescheidenen Teilfrieden in der Christenheit. Er war keineswegs prinzipieller Gegner des Krieges, als welcher er später wohl mißdeutet wurde, sondern erfüllt von einem solchen Glauben an das Recht, daß er dessen Autorität auch im Kriege für gültig und haltbar erachtete. Nur an die christlichen Völker hatte er sich gewandt: sie sollten sich, von Gnaden der Vernunft, bewußt werden des ihnen eingeborenen, gemeinsamen Rechtes. Völkergemeinschaft wollte er als Rechtsgemeinschaft verstehen, von innen her, nicht unter einem Tribunal, sondern im Sinne eines dem Menschen eingepflanzten Naturrechts. Auch der Krieg sollte und konnte diese dem Menschen gemäße Verbindlichkeit nicht aufheben. Wo der Mensch ist, da muß auch sein Recht sein. Und Recht gilt für alle. Es ist das Menschliche selbst – und das heißt: das Göttliche im Menschen.

Aber der Träger solcher Lehre ist ein Schiffbrüchiger und erreicht das Ufer der Geschichte nur im Sterben. Er ist Gesandter einer Geistesmacht, die sich in der Geschichte nicht realisierte, von niemandem beamtet, auch nicht von der klugen Christine, die sich nach zehn Jahren einschiffen wird nach fremden Ufern, sei es zu landen, sei es zu scheitern. Er ist Zöllner, angewiesen auf den Bruder, der ihm seine Sünden und Irrtümer verzeiht. Im übrigen hatte der Herr Gesandte nicht über Schmerzen zu klagen in seinen letzten Tagen nach dem Schiffbruch – das bißchen Todesnot muß eben ertragen werden. Der Körper erwies sich bei der Sektion als kräftig, geschützt von einem Fettpolster von zwei Finger Dicke. Freilich: die Lunge war „wie altes Fleisch", und das Herz, eingestandenermaßen „groß", war „ganz verwelkt". Der Passion des Urhebers folgt unabänderlich die des Werkes. Die kämpfenden Parteien der folgenden Jahrzehnte und Jahrhunderte bedienten sich aufs beste mit des Hugo Grotius Hinterlassenschaft, seine Gedanken losreißend von seinem Glauben, seiner Hoffnung und einander um die Köpfe schlagend.

Von William Penn (1644–1718), dem christlichen Streiter und Zeugen für Duldung und Gewaltlosigkeit, besitzen wir ein einziges authentisches Bild[3], das während seines Dienstes in Irland entstanden ist: ein Jüngling in spiegelndem Harnisch. Um diese Zeit war er bereits dem „mystischen Kreuz“ verfallen, das, wie er sagte, „alle irdischen Wünsche der Menschen durchstreicht“. Cromwells Gottesreich war gescheitert. Die Pest, das „Große Feuer“ hatten in London gewütet, die holländische Flotte war in die Themse gedrungen. Es war die heroische Zeit der Quäker. Auch der junge Penn hatte im Tower in vielmonatiger Einzelhaft für eine freimütige religiöse Schrift gebüßt. Aber seine große Stiftung, die Kolonie Pennsylvanien, verdankt er dem Krieg, den Waffentaten seines Vaters, des großen Admirals William Penn, der die Holländer schlug. Für die Schulden der Krone an den Vater, die auch zehn Jahre nach dessen Tod[3] nicht bezahlt werden konnten, erbat er sich das Gebiet zwischen Maryland und dem Delaware, nach Norden ausdehnbar, „so weit es nutzbar ist“; also einem dynamischen Prinzip sich anschließend, das zu großen Ungelegenheiten führen sollte. Sein König, Karl II., erfüllte die Bitte bald (März 1681). Er blieb ihm gnädig, obwohl Penn – im übrigen ein gewandter Welt- und Hofmann –, wie bekannt, auf die Weise der frühen Quäker den Hut auf dem Kopfe behielt, als er zum ersten Mal vor „Freund Karl“ erschien, worauf dieser belustigt den seinen abnahm, da eben doch unter ihnen *ein* Hut abgenommen werden mußte. Nun, Freund Karl war nicht damit zufrieden, daß die Kolonie, wie Penn vorschlug, nur Sylvania heißen sollte; der Name des „absoluten Eigentümers“, als welcher der Sohn des großen Admirals urkundlich erklärt wurde, sollte damit verbunden werden. Penn verzichtete auf Gewalt, aber keineswegs auf Autorität – die eine natürliche Wirkung seiner starken Persönlichkeit war – und nicht auf die Freuden der Welt. Als einen der Vorzüge seines Landes sah er es an, daß die Rebhühner, sobald es kalt wurde, in Schwärmen gegen die Häuser flogen; daß es hier, in Pennsbury, am Delaware, über einem prächtigen Wasserfall die besten Wildenten, Schnepfen, Schneehühner gab. Daß er ein gutes Glas Wein schätzte, versteht sich von selbst. Um ihn atmet noch echte Freiheit, die von Moralismus nicht angekränkelt werden konnte. Die apokalyptisch gestimmte, draufgängerische Kühnheit des George Fox war in Penn gemildert durch aristokratisch-bürgerliche Sitte, wenn es auch nicht ganz an Leuten fehlte, die behaupteten, daß er in seinem Lande „selbstherrlicher als der Türke“ verfahre. Jeden-

3 Emilie Fogelklou: William Penn. Hamburg 1948.

falls, der „Hexenjagd", die in den Kolonien und Europa mit ähnlicher Leidenschaft betrieben wurde wie die auf Reb- und Schneehühner, schloß er sich nicht an. Die noch in Pennsylvania ansässigen Schweden – ihnen hatte er bedeutende Vorarbeit zu verdanken – führten Margarete Matsdotter vor ihn und bezichtigten sie der Zauberei. Bist du auf einem Besenstiel durch die Luft geritten? Wirklich? Sie leugnete es nicht. Nun, das ist dein gutes Recht. In Pennsylvania gibt es keine Gesetze, die das verbieten.

Der Friede ist ja stark. Es ist männlich, für ihn zu streiten. Gegen den Wahn der Jahrhunderte und Jahrtausende ziemt eine erhöhte, soldatische Form. Und sicherlich gehören die Soldaten von gestern, die Geschichte erlebt haben wie Penn – Revolution, Krieg, Feuer –, die sich – wie sollte es anders sein – ihre Selbstherrlichkeiten und Narrheiten erlauben und sich emporschwingen zu Hauptleuten, Feldherrn auf einem Schlachtfeld, wo kein Blut vergossen, wohl aber das Dasein gewagt und von Gegners Seite mit Verleumdung, Spott und Schande geschossen wird; wohl gehören solche Soldaten zu den besten, den überzeugenden Trägern des Friedens. Aber seltsam bleibt es doch, daß er dem Krieg so nahe ist, so tief innerlich mit ihm zusammenhängt. Bertha von Suttner, die vielumstrittene Prophetin, war Tochter eines Feldmarschall-Leutnants, Witwe eines Offiziers. Und was die Verdienste der Familie Nobel um die Kriegsindustrie betrifft, den Bau von Kriegsschiffen in Petersburg, einer Eisengießerei, Maschinenanstalt und Gewehrfabrik dort, so ist darüber kein Wort zu verlieren. Die Einführung des Nitroglyzerins, des Sprengöls (1862), das mit demselben Recht auf den Namen Alfred Nobels getauft wurde wie der Staat Pennsylvania auf den Namen William Penns, ist keineswegs das entscheidende Moment. Entscheidend ist die Tragik des in die geistig-geschichtliche Entwicklung, das Mysterium der Zeitalter und ihres Wechsels, eingeforderten Friede suchenden Menschen, der zum Instrument der Geschichte wird und tut, was er nicht will, und gutmachen möchte, was er getan hat – und der Völker, die hinter ihm stehn und warten, glauben oder bangen. Und kaum ein geringerer Schaden als der lügnerische Mißbrauch einer geheiligten Sache, des geheiligten Wortes „Friede", sind die armen Apostel und Wanderredner, die mit ein wenig Vernunft und gutem Willen, mit Argumenten, die auf dem Wege liegen und weiterhin da liegen werden, die Wunde geschichtlichen Daseins glauben heilen zu können.

Der Friede ist immer da und nie. Das große Bild dieser seiner zwiespältigen Existenz bietet die Natur. Wir blicken auf in der Nacht: der Wandel der Gestirne scheint ihn zu verkünden. In dieser

Stimmung nahm Johannes Kepler im Jahre des Heils 1617 die Konzeption der „Weltharmonik“ wieder auf[4]. Sie war ihm vor achtzehn Jahren in Graz geschenkt worden, nach schweren Kämpfen um seine Existenz und wieder mitten in solchen. Für einen Lutheraner war damals die Steiermark „nicht mehr sicher“. Im Jahre 1598 soll Erzherzog Ferdinand, „der Gräzer“, auf einer Wallfahrt nach Loreto gelobt haben, das Land wieder katholisch zu machen. Vom Türken verlautete, daß er, wie Kepler seinem Lehrer Mästlin nach Stuttgart schrieb, „mit 600000 Mann in Bereitschaft stehe“. Das Knäblein, das ihm seine Frau im vorigen Jahre geschenkt hatte, war gestorben nach einem Leben von sechzig Tagen. Nun wurde auch das Töchterchen, das ihm gefolgt war, zu Grabe getragen. Es hatte nur fünfunddreißig Tage erreicht. Kepler lebte in einer Todeswolke. In Ungarn, wurde berichtet, seien an den Körpern der Menschen blutige Kreuze erschienen. Und nun erblickte er selbst ein kleines, von Blutrot in Gelb übergehendes Kreuz an seinem linken Fuß. Er glaubte, gezeichnet zu sein. Aber Kopernikus hatte von einer bewunderungswürdigen Symmetrie der Welt geschrieben, und ihr forschte Kepler nach.

1617 also, in Linz, wieder unter calamitoso coelo, „unheilverkündenden Gestirnstellungen“ (Caspar), am Vorabend des Dreißigjährigen Krieges, kehrte Kepler zur „Weltharmonik“ zurück. Seine erste Frau war in Geistesnacht gestorben. Er hatte den gegen seine Mutter angestrengten Hexenprozeß durchgekämpft, hatte die Feindschaft der Gegenreformation erlitten, war aber in Linz aus der Gemeinde gestoßen worden, weil sein Gewissen ihm gebot, der Abendmahlslehre der württembergischen Konkordienformel zu widersprechen. Für die kirchliche Behörde war er ein „Schwindelhirnlin“ und „Letzköpflin“. Er litt unsagbar an der Zerrissenheit der Welt. Aber in ihm war Harmonie: sie war Antwort an das Geschehen. Er war mit der Berechnung der Ephemeriden beschäftigt, als sein Töchterchen Katharina starb. Vom Tode des Kindes bedrückt, gab er die Arbeit auf. „Ich legte die Tafeln beiseite, da sie Ruhe erforderten, und lenkte meinen Geist auf die Harmonik hin.“ So, im Widerspruch zur ganzen empirischen Welt, der persönlichen wie der geschichtlichen, und doch von ihr herausgefordert, baute dieser zur Versöhnung gestimmte Geist die Lehre auf von Zahlen und Figuren, die die Weltordnung konstituieren, überwältigt, in „heiliger Raserei“. „Ich habe die goldenen Gefäße der Ägypter geraubt, um meinem Gott jene heilige Hütte zu errichten, weitab

[4] Max Caspar: Kepler. Stuttgart 1948.

von den Grenzen Ägyptens." Das schrieb er im Mai 1618, vielleicht oder fast am selben Tage, an dem (26. Mai) aufständische böhmische Adlige in Prag zwei kaiserliche Räte und ihren Sekretär aus dem Fenster warfen und der Krieg entfesselt wurde, den Europa niemals überwunden hat. Aber der Freund der Sterne vernahm Musik: „Es sind also die Himmelsbewegungen nichts anderes als eine fortwährende mehrstimmige Musik (durch den Verstand, nicht das Ohr erfaßbar), eine Musik, die durch dissonierende Spannungen, gleichsam durch Synkopen und Kadenzen hindurch, auf bestimmte, vorgezeichnete, je sechsgliedrige Klauseln lossteuert und dadurch in dem unermeßlichen Ablauf der Zeit unterscheidende Merkmale setzt."

Si vis pacem para mentem. „Es scheint", sagte Einstein, als er Keplers 300 Jahre nach dessen Tode gedachte (1930), „daß die menschliche Vernunft die Formen erst selbständig konstruieren muß, ehe wir sie in den Dingen nachweisen können." Kepler habe uns zur Bewunderung der „rätselhaften Harmonie der Natur" erhoben, in die wir hineingeboren sind, also, im Sinne Einsteins, zur „kosmischen Religiosität"[5], zur Ehrfurcht nicht vor einem persönlichen Gott, sondern vor einer „höheren Denkkraft", die das All gebaut hat. Die Harmonie also ist erkennbar, soweit wir sie in uns „konstruieren", bilden, weitab von den Grenzen Ägyptens, der Geschichtswelt, als eine heilige Hütte für Gott. Wie hätte sich Kepler verhalten zu modernen Theorien, die das All als eine Explosion zu begreifen suchen, die Erde als eine „Insel aus Schießbaumwolle", das Leben der Sonne als das Prinzip der Wasserstoffbombe! Und doch ist es wahr, daß in den Himmelstiefen kein Friede ist, daß Novae in wenigen Minuten zu hundertfacher Helligkeit aufflammen, Milchstraßen zusammenstoßen und einander durchdringen; daß, während vor unseren Augen die Lichter ruhn, die Welteninseln mit einer Fluchtgeschwindigkeit, die proportional ihrem Abstand von uns ist, hinausfliehen in das Ungemessene; daß der fortwährende Schöpfungsprozeß, die Katastrophen der Geburten, die Begrenzung der Zeit und Masse, die Kräfte der Himmel erschüttern.

Und wo ist Friede auf Erden? Die Meeresstille spiegelt blaugleißend in undurchdringliche Fernen, die Fischer liegen unter den Felsen am Strand in ihren Booten und verschlafen den heißen Mittag. Kaum schaukeln draußen die Korkbrocken ihrer Netze, in denen sich die Fische den Tod bereiten. Am Abend werden sie, eine Todesgemeinschaft, wie Völker Todesgemeinschaften sind, an den Strand

---

[5] Albert Einstein: Mein Weltbild. Zürich 1953.

gezerrt. Oder das Schattenkreuz des Flugzeugs gleitet tief unten über die See. Sie ist von Schaumkronen, die der Sturm aufwirft, gleichmäßig beschneit. Aber das Flugzeug bebt kaum. Und die Fläche unten bedeckt namenloses Grauen: das Entsetzen vor dem Hai, das Ringen der Riesenqualle mit dem Wal, die Finsternis der Tiefe, in der riesenmäulige, scharfzähnige Räuber, deren Leiber mit Lichtern besetzt sind, Räuber von gleicher, von mehrfacher Größe verschlingen oder der Teufelsfisch an angewachsener Leuchtangel die Beute in den Rachen zieht, andere Ungestalten, gelassen, mit wehenden Armen den Fraß sich in die Schlünde strudeln. Schopenhauer hatte den Blick für das sinnlose allgegenwärtige Leid unter dem Schönheits- und Friedensschleier der Natur. Er übernahm[6] einen Bericht aus Java. Dort fand ein Reisender ein unabsehbares Feld mit Gerippen bedeckt, so daß er es für ein Schlachtfeld hielt. „Es waren lauter Gerippe großer, fünf Fuß langer, drei Fuß breiter und ebenso hoher Schildkröten, welche, um ihre Eier zu legen, vom Meere aus dieses Weges gehen und dann von wilden Hunden (Canis rutilans) angepackt werden, die mit vereinten Kräften sie auf den Rücken legen, ihnen den unteren Harnisch, also die kleinen Schilder des Bauches, aufreißen und sie so lebendig verzehren. Oft aber fällt alsdann über die Hunde ein Tiger her." Darüber spielt das Licht, glänzt der „Friede" der Sterne. Oder der Frühjahrsregen, in zaghaften Tropfen, fällt unter dem Lied der Amseln auf das frische Grab; die Birke im leichten Schleier zittert nicht, und kein Schritt ist zu hören an diesem dunkel-verheißungsvollen Abend. Aber durch eine Handvoll Erde schon zieht sich das kämpfende Gewimmel winziger Käfer und Krebse, mit Fühlhörnern bewaffneter Schläuche, hundertfüßiger Därme, lebender Schirme – und wer wagt zu denken, was tiefer unten geschieht: und wiederum tiefer: wer steht dafür ein, daß der Tote Friede hat? Und wir selbst: wir leben, solange wir zerstört werden, und wenn die Zerstörung ihr Ende erreicht hat, so auch das Leben. „Solange ein Organismus lebt, befindet er sich in völliger Zersetzung, und die aufgezehrte Materie wird immer wieder durch neue ersetzt" (Johannes Müller). Das geschieht auch, während wir schlafen – während wir Friede haben, sofern uns die Träume nicht schrecken. Der Friede ist immer da – und immer der Streit. Ein jeder erscheint nur unter dem Schleier des andern. Wem sollten wir es verargen, daß er die Aussage der Natur in die Geschichte überträgt?

---

[6] Schopenhauer: Welt als Wille und Vorstellung, 2. Bd. Kap. 28.

Unüberwindlicher Streit

Friede und Streit der Natur sind nicht voneinander zu lösen. Beide sind Wirklichkeit. Keine Wirklichkeit ist ohne die andere. Das Wort vom Vater, ohne dessen Willen kein Sperling vom Dache fällt, bleibt ein dunkles Wort. Ja, man könnte, man müßte gestehen: der Friede ist Bild, von uns konstruiert, empfunden, konstituierte, in die Welt getragene Sehnsucht. Er ist Sache des wollenden Menschen, vielleicht seine heiligste Sache, die heroischste. Denn was gehört dazu, *aller* Erfahrung zu widerstreiten? Unter Friede soll hier verstanden werden: dauernder, in der Geschichte zu vollziehender Friede. Wer heute seine Sache zu ergreifen wagt, der möchte am liebsten mit einer Verteidigung des Krieges beginnen, um sich loszusagen von der Oberflächlichkeit oder Dürftigkeit der Friedens-Freunde; von den Lügnern in irgendeines Gewaltigen oder eines Wahnes Dienst, die ihn tagaus tagein im Munde führen, ohne ihn zu meinen und zu verstehen; von den Gläubigen, die im Sinne eines Vollzugs, eines Bruchs, einer radikalen Wendung, eines überzeugenden Opfers nicht an ihn glauben und glauben wollen, kurz, um sich mit Messers Schärfe zu scheiden von der schmählichen Mißhandlung einer erhabenen, einer geheimnisschweren Sache und um aller ungemäßen Gesellschaft und Gefolgschaft der Agenten und Narren, der Wechsler und Händler, Kipper und Wipper und unlauteren Theologen, die ihm am meisten geschadet haben und wahrscheinlich weiterhin schaden werden, zu entlaufen. Niemals aber ist der Mißbrauch einer Sache der geringste Einwand gegen sie selbst. Heute handelt es sich darum, daß der Friede zum wirklich ernsthaft-unausweichlichen Problem wird, Leiden am Dasein, auf die Gefahr hin, daß es sich als ein unheilbares Leiden erwiese.

Selbst wenn es zuträfe, daß dauernder Friede die Bedingung für die Existenz der uns bekannten Welt wäre und daß wir, wenn diese Bedingung nicht erfüllt wird, nur das Raum- und Traumschiff phantastischer Hoffnungen besteigen können: selbst dann wären wir nicht berechtigt, Krieg und Krieger der Vergangenheit zu verdammen. Wie wäre die uns überkommene Gestalt Griechenlands denkbar ohne den Angriff der Perser, den zerrüttenden inneren Streit, die Erfahrung des Tragischen als Form geschichtlicher Existenz! Nur diese fast tödliche Herausforderung zur Selbstbehauptung und Selbstgestaltung beflügelte Gesang und Gedanke, eine nie mehr erreichte Höhe zu erschwingen. Echte Tragik und echte Versöhnung verschwistern sich über dem Grabe des Ödipus. Wo der Verfluchte heimgeholt wurde, ist Friede, Gnade sogar, heiliger Ort: wo aus unerforschlichem Willen die tiefste Tiefe aufbrach, die Frage ohne Antwort, wird es still. Von den Eroberungszügen Alexanders, der Hellenisierung Kleinasiens, Ägyptens, dem Auftreten des Pompejus in Palästina, Cäsars in Britannien, der Kolonisierung des Rheintals, Frankreichs, Spaniens, der Donaulandschaft, vom Zusammenstoß des sich im Innern befriedenden Römerreichs mit dem Osten können wir so wenig wünschen, daß sie nicht geschehen seien wie vom Einbruch der Araber in die Iberische Halbinsel, dessen Nachhall noch immer deren Kulturen durchbebt und der die Berufung Karls des Großen einleitete und dann verstärkte. Und nicht anders steht es mit der Landung der Normannen in Frankreich, Sizilien, England, dem Zug der Waräger zur Wolga und gegen Byzanz, der Empörung des ersten Grafen von Portugal gegen den König von León, dem Ansturm der Slaven, gegen die das Kaisertum sich kämpfend behauptete, dem Streit zwischen Kaiser und Papst, der schicksalhafte geistige und religiöse Haltungen herausarbeitete. In all diesen Jahrhunderten zerstörte und baute der Krieg, vertrieb er die Männer des Geistes und beschenkte sie mit Aufträgen und Bestimmung.

Unzerstörbar ist der Nimbus des echten Feldherrn, dessen Befehl die Resonanz starken Menschentums, einer sich ausgestaltenden Innerlichkeit, hatte: so des portugiesischen Kronfeldherrn Nun'Alvares, der, nachdem er bei Aljubarrota (1385) die Tradition gerettet hatte, sich zu heiligen strebte und im Alter, als Mönch des Carmo-Klosters, niederblickte auf Lissabon, sühnend, betend. Oder Turenne, der mitten im Kriege den Weg seiner Seele ging, den Glauben wechselte in strenger „Lauterkeit seiner Überzeugung“[7], die Toleranz aber gerade nach dem Glaubenswechsel verteidigte: „Sire“, sagte er zu Ludwig XIV., „solange ich der protestantisch-reformierten Kirche angehörte, konnte ich vor Eurer Majestät meine Ansicht nicht vertreten wie heute; jetzt aber kann ich meiner Überzeugung davon Ausdruck geben, daß, wenn Eure Majestät ihre Ein-

---

[7] Weygand: Turenne. München 1937.

willigung zu einem Massenmord gäbe, Sie dem Papst zwar einen großen Dienst leisten, sich selbst aber in schweres Unrecht setzen." – „Was hat Herr von Turenne gewonnen, als er katholisch wurde?" fragte sieben Jahre nach seinem Tode der große Arnauld. „Jeder weiß, daß er als armer Mann gestorben ist." Oder Eugen, der Souverän blieb als Diener, frei aus der freien Wahl seines Dienstes, und Ungnade gelassen ertrug. Aber der amerikanische Dichter (Walt Whitman) fordert „Ehre für den geschlagenen General". Generaloberst Beck – um mit des Einen Namen eine Gruppe edler Männer zu nennen – bereitete sich in schweren Kämpfen, Verdienst und Ansehen höherer Verpflichtung zu opfern: die Ehre war nun in der Unehre, keine neue Erfahrung, aber doch, in dieser Ausprägung in Schicksalen, ein bezeichnend moderner Widersinn. Vielleicht ist das ein Anfang – und wir erblicken eine tragische Reihe sich opfernder Männer wie Macbeth die kommenden Könige über dem Hexenkessel. Die Feldherrn nähern sich dem unverantwortbaren Befehl, die Soldaten dem unverantwortbaren Gehorsam. Vielleicht war auch die scheußlichste Fratze des Krieges noch Maske – vielleicht lüftet er sie jetzt? Und doch ist es reiner Menschlichkeit gegeben, vor dieser Wahrheit frei in den Tod zu gehn.

Mensch und Unmensch erscheinen nebeneinander, dieser, wie zu erwarten, jener als Bestätigung eines Glaubens, der bis heute noch keinen zwingenden Grund hatte, sich selbst aufzugeben. Ja, es könnte scheinen, daß nicht in den politischen Ergebnissen und auch nicht in dem so gern und leichtfertig zitierten Zorngericht Gottes, sondern in der Selbstbehauptung der einzelnen unter furchtbarster Belastung, im Aufleuchten des Menschenbildes gegen alle Wahrscheinlichkeit, der Sinn der Kriege liege. In allen Heeren zogen Männer, die das Göttliche in sich bewahrten, die Barmherzigkeit übten, Treue hielten, in Todbereitschaft unausführbaren Befehlen widerstanden, ihnen mit List und soldatischem Humor auszuweichen wußten, Städte retteten, indem sie nicht gehorchten. Nicht selten ist das im friderizianischen Heer geschehen, und nicht immer, aber doch manches Mal, hat solcher Ungehorsam das Verständnis des Königs gefunden. Mit nichts ist der Sache des Friedens schlechter gedient als mit der Herabsetzung des Soldatentums überhaupt, der im übrigen die historische Wahrheit durchaus widerspricht. Ein Element der Freiheit jedoch mußte gewahrt, mußte von einzelnen immer wieder zurückerkämpft werden. Erzwungener Eid stellt den ganzen Wert in Frage. Ein Eid ist niemals entlastende Selbstverständlichkeit; er muß Entschluß bleiben, Willensentscheidung. Schon darum haben die ihn Verweigernden ein echtes geschichtliches Amt: sie sind Zeugen der Freiheit, verkörpern ihr Dasein.

Aber dem Kriege scheint auch eine ihn aufhebende Tendenz innezuwohnen. Nicht ein jeder führt zu einem neuen Konflikt. Kriegsherde brennen, oft erst in Jahrhunderten, aus: so der zwischen England und Schottland, Spanien und Portugal, Frankreich und Flandern, Schweden und Dänemark, zwischen mittel- und südamerikanischen Staaten, die internen der Eidgenossenschaft, der Vereinigten Staaten und noch vom schmerzlichsten, widersinnigsten aller Feldzüge, dem des Jahres 1866, muß eingestanden werden, daß er Jahrhunderte alte Konflikte gewaltsam aufgehoben hat. Aber danach wurde kein echter Friede mehr geschlossen, das heißt keine Lösung der großen Konflikte gefunden, der Anlaß nicht ausgeräumt. Noch im Jahre 1880 schrieb Moltke: „Der Krieg ist ein Element der von Gott gesetzten Ordnung. Die edelsten Tugenden des Menschen entfalten sich darin: der Mut und die Entsagung, die treue Pflichterfüllung und der Geist der Aufopferung. – Ohne den Krieg würde die Welt in Fäulnis geraten und sich in Materialismus verlieren.“ Die erste und die letzte Behauptung sind im höchsten Grade fragwürdig, eine militärische Naivität, gewiß ein vortrefflicher Schutz gegen Gewissensbeschwerden. Das übrige kann nicht bestritten werden als einseitige Wahrheit vom Krieg, auf die wohl heute kaum mehr jemand ein Gesamturteil zu gründen wagt, wie es hier schon anachronistischerweise geschehen ist. Das Zeitgefühl so manches Zeitgenossen urteilte ganz anders als der ehrwürdige Feldherr in Kreisau. Er trug eine Denkweise zu Grabe und war wohl von dem Gesetz, nach dem er angetreten, darin legitimiert. Eben solche Sätze, ihre heute wohl von den meisten Menschen gefühlte Unhaltbarkeit, weisen voraus auf einen Bruch in der Geschichte der Völker, auf die Einheit der Erde.

Noch lange ist es nicht Zeit, davon zu sprechen. Wir müssen vielmehr zugeben, daß Europa seinen kriegerischen Feinden unendlich viel verdankt. Die Türkenherrschaft im Heiligen Land entfachte die Kreuzzugsbewegung: in religiöser Hinsicht eine höchst bedenkliche Erscheinung, aber doch Aufflammen eines Gesamtbewußtseins, das nicht mehr ganz erlosch; die arabischen Gelehrten in Córdoba und Sevilla wie in Palermo schütteten die Schätze des Orients und der Antike aus, sie gehören zu den Baumeistern des Abendlandes; der Türkensturm, die Piratenflotten im Mittelmeer riefen zur gemeinsamen Dammbauarbeit – wenn es auch nicht an Mächten fehlte, die den Damm durchstießen. Welcher Pazifist möchte Starhemberg, Johann Sobieski, Eugen vorwerfen, daß sie Wien verteidigt haben, dem Juan d'Austria, daß er mit vereinigten Flotten die Schlacht von Lepanto schlug, Heinrich dem Frommen Liegnitz, dem Karl Martell Poitiers, den Griechen Salamis? Freilich: man wird immer sagen können: Dahin hätte es nicht kommen dürfen. Es fehlte an vorbereitender Abwehr. Man wird immer träumen können von einer Kulturwelt ohne Krieg. Doch hier wird kein anderer Anspruch erhoben, als von der empirischen Welt zu sprechen: von der, die wir kennen und lieben.

Wenn nicht Gottes Ordnung, so doch ein Gesetz der Geschichte scheint bis zu dieser Stunde der Krieg zu sein. Jene Zusammenschlüsse, das Erlöschen gewisser Kriegsherde, geschahen ja nur auf dem Wege der Zusammenfassung von Mächten, die sich, verbündet, wieder kriegerisch formierten. Spaltung ist offenbar das Leben der über die Erde verteilten, in Völkern und ihren Staaten sich konstituierenden Macht, und der Geist, sei es Forschung, sei es Kunst, sei es der Glaube, ist so innig mit diesem Leben, mit dem Widerstreit der Macht mit sich selbst verbunden, daß alle Aussagen des Geistes auch Aussagen von Geschichte sind. Sie gaben sich bisher nur kund in der Sphäre von Machtformationen und -kämpfen. Das Christentum aber ist nur in dieser Sphäre zu verstehen: als göttliche Antwort an die Geschichte, als Gottes Eingang in sie und seine geschichtliche Gegenwart. (Er also wäre die Person, wäre das Geheimnis, vor dem sich die Krieger zu verantworten haben, wie es ihnen Shakespeares König Heinrich V. vor der Schlacht zu verstehen gibt.)

Und so hat Kant wohl darin recht, daß die Weltgeschichte im ganzen bisher nur Waffenstillstände, aber keinen Friedensschluß kenne, nur Friedenslügen, Verträge Erschöpfter, Besiegter, zur Einsicht Gelangter, die sich zum „Aufschub der Feindseligkeiten" entschließen, „dem das Beiwort ewig anzuhängen ein verdächtiger Pleonasmus ist"[8]. Friede, als Idee gefaßt, im eigentlichen Sinne des Wortes, bedeutet ja einen unveränderlichen Zustand. Erweist es sich, daß er gebrochen werden konnte, so ist auch erwiesen, daß es kein Friede war, sondern nur ein vorübergehendes, aus irgendeinem Grunde vereinbartes Einstellen feindlicher Handlungen, nicht aber, wie Kant formulierte, „das Ende aller Hostilitäten". Es ist kennzeichnend für unser Dasein in der Geschichte, daß das Wort Friede in diesem echten Sinne fast gar nicht gebraucht wird, daß wir uns, wenn wir es aussprechen, stillschweigend mit der Bedeutung „Waffenstillstand" begnügen.

Eine tiefe Einsicht in das Wesen der Geschichte des Krieges und

[8] Kant: Zum Ewigen Frieden.

des Friedens bekundeten germanische Stämme, als sie zwischen einem Friedensamt und einem Kriegsamt unterschieden. Das erste verwaltete der König, das zweite der Herzog. Der König stellte den Frieden dar[9], er war gleichsam seine Verkörperung; wer den Frieden störte, verletzte die „Ehre des Königs“ und mußte ihm ein Friedensgeld zahlen. Friede also war des Königs Ehre. Es war nicht seines Amtes, mit in die Schlacht zu ziehen. Niemand hätte ihn deshalb für feige gescholten. Offenbar war die Friedens-Ehre des Königs die höchste; sie ruhte in seinem Amte; das Königtum konnte ursprünglich nicht aus dem Herzogtum hervorgehen. Die zwei Würden waren wesensverschieden: der Herzog ward für den Krieg erwählt, als sein Repräsentant, gewissermaßen als der Krieg selbst, so wie der König die Gegenwart des Friedens war, der auch während des Krieges bestand. Denn der König gebot in seinem Palast, während das Heer unter dem Herzog kämpfte. Der König war die Sichtbarkeit des Dauernden, Eigentlichen. Der Herzog hatte Gewalt über Leben und Tod, der König nicht. Vielleicht *muß* Blut vergossen werden. Der König aber ist zu edel für solchen Auftrag. Es ist eine Vorstellung, die das Mittelalter trotz aller Kämpfe durchleuchtete, zumal in Deutschland, Frankreich, Spanien, nicht in Portugal, wo König Pedro zuweilen das Henkersamt übte, auch in den skandinavischen Ländern: Friede ist männlich königliche Ehre, der hohen Ehre des Schwertes noch übergeordnet; Friede zu wahren ist das Amt, dem zuerst Ehrfurcht gebührt. Es ist das Merkmal höchsten Adels.

Diese Vorstellung durchwaltet noch Shakespeares Werk, namentlich die Königsdramen, in denen die beiden Ämter zueinander in einer tragischen Konstellation stehen: der Herzog empört sich, wird Usurpator, zum Kriege, zum Aufruhr selbst, wie Percy, Gloucester, Macbeth, Bolingbroke, York, Warwick. Er will König werden, das heißt: er strebt nach einem Amte, das seinem Wesen entgegen ist; denn Königtum und Friede fallen zusammen, Herzogtum ist kriegerischer Dienst an der Friedensmacht, am Stärkeren, Dauernden, am Sinn. Wenn der Herzog König ist, so muß er nach Frieden trachten, wie etwa Heinrich IV. in seinen bittern und endlich begnadeten letzten Stunden, oder er scheitert, und zwar am Königsamt selbst, wie Macbeth oder Richard III. Er hat keinen Frieden, er kann nicht König sein; die Krone selbst vernichtet ihn. Den echten König aber umweht Friede, wie noch den todgeweihten Duncan, der ahnungslos, aber ganz als König, als Friedebringer, daß Schloß Inverness

---

9 Georg Kaufmann: Deutsche Geschichte. München 1880.

betritt, den Bannkreis der Hexen und Schauplatz seines grausigen Endes:

> Dies Schloß hat eine angenehme Lage,
> Gastlich umfängt die leichte, milde Luft
> Die heitern Sinne.

So ist der Friede da, auch wenn er verfallen ist, wehrlos und doch in Macht. Heinrich VI. ist Friede, in der Heiligkeit der Unmacht; Heinrich V. verbreitet ihn, für einen Augenblick, auf der Höhe des Sieges und der Kraft. Es ist eine Wertordnung, die dem habsburgischen Hause eigentümlich war bis zum Ende: Friede bedeutet, im strengsten Sinn, höhere Ehre als Waffenruhm, dessen Geltung, an seiner Stelle, keineswegs angefochten wird. Unköniglich ist es, etwas zu tun zu haben mit Blutvergießen, königlich, allen Gnade zu erweisen, wie Heinrich V. vor Harfleur. Der König atmet, waltet in einem Friedenskreis, so wie ein Baum nur im gemäßen Erdreich, Klima, sich verzweigt. Von daher gesehen, geht in der preußischen Geschichte das Königtum im Soldatentum unter: der König, der lieber die Uniform trägt als den Mantel, der die Uniform gar nicht mehr ablegt, ist nicht König im Sinne der Überlieferung, er ist nur Herzog – und ist auch das bald nicht mehr. Seine Söhne sind den Rangordnungen des Befehls, nicht der Adligkeit unterworfen. Sie müssen einem jeden gehorchen, der einen Stern, eine Litze mehr am Kragen trägt. Das ist Selbstzerstörung des Fürstentums, aber – immerwährende, berechtigte Angst vor den terribles simplificateurs! – damit soll nicht verkannt werden, daß Friedrich der Große, nach der dämonischen Ouvertüre des ersten Krieges, der tragischen Symphonie seines letzten, nach den Harmonien sich sehnte, die über Shakespeares Tragödie spielten und diese beendeten; daß er, daß seine Feldherrn und Soldaten, wie Schwerin oder Zieten, patriarchalische Väter wurden in der Mark, in Pommern, in Mecklenburg; Kirchenpatrone, Ehestifter und Waisenväter, auf die harte Art der Zeit; daß sie also der Wertordnung des Friedens noch nicht entfremdet waren. Auch in dieser Sphäre waltet noch etwas von der alten Vorstellung, die es nicht zuläßt, daß der König mit eigener Hand Blut vergießt: Friedrichs des Großen erhobener Degen ist im wesentlichen Zeichen, nicht schlagende Waffe. Er konnte von Kugeln getroffen werden, aber er feuerte nicht. Mit dem Ausgang der Ritterzeit, die Ebenbürtige einander gegenüberstellte, kann der König öffentlich nicht mehr töten; das gilt für Karl V. wie für die späteren Habsburger. Es gilt auch schon für die Feldherrn, nicht während des Aufstiegs, aber vom Augenblick an, da der König ihnen den Kommandostab in die Hand legt.

Was wäre zu sagen von der machtvollen Passion des Friedens in der Geschichte; von seinem Schmerzensweg, seinem Immer und Nie! Er ist immer Duncan vor des Macbeth Schloß. Aber er ist auch Edward der Bekenner, der heilende König, der Malcom, den Rächer, Überwinder des Macbeth, beherbergt – und wieder Edward, dessen Reich dem normannischen Eroberer anheimfallen wird. Nie verstummt der Sphärenklang, der sich niedersenkt auf die Erde; immer sind Friedfertige, die ihn vernehmen; immer – bis zu dieser Stunde – ging er unter im Waffenlärm. Um 330 n. Chr. erschien mit einer gotischen Gesandtschaft am Hofe Konstantins des Großen in Byzanz Ulfila, ein im Lande der Westgoten, im Norden der unteren Donau (G. Kaufmann[9a]) geborener Jüngling kappadokischer Abkunft. Von einem Raubzug ins Innere Kleinasiens (276) heimkehrend, hatten die Goten seine Vorfahren in ihr Land verschleppt. Früh trat er in geheiligten Dienst. Um 341 wurde er in Antiochien von einem Arianer zum Bischof der Goten geweiht. Als Missionar dieses Glaubens trat er als Dreißigjähriger unter die heidnisch-kriegerischen Goten. Das Konzil von Nikäa (325) hatte die Lehre von der Wesensähnlichkeit des vom Vater geschaffenen Sohnes (statt der Wesensgleichheit des von Ewigkeit gezeugten) verworfen. Ulfila war also Ketzer, „von jeher Arianer", wie er sagte. Aber die Goten strömten ihm zu. Ulfila dachte und lehrte vom Kriege wie die Christen des ersten und zweiten Jahrhunderts: der Christ habe mit dem Teufel um sein Heil zu kämpfen mit geistlichen Waffen; Ruhm und Sieg in der Welt seien eitel. Sein Wort war so mächtig, daß es das Volk zu verwandeln begann; die Goten entwöhnten, entfremdeten sich des Schwertes. Aber solcher Glaube steht in so tiefem Gegensatz zur Welt, daß er unversöhnlichen Haß erregt: die Fürsten wünschten ein kriegstüchtiges Volk. Wer nicht töten will, wird getötet. Schlimmer: er macht seine Widersacher zu Mördern. Nach Jahren blutiger Verfolgung führte der Bischof die ihm anhängenden Stämme nach Mösien, dem Land südlich der Donau zwischen Nikopolis und dem Schwarzen Meer, das Kaiser Constantius ihm angewiesen hatte (348). Dort regierte er über dreißig Jahre lang, ein lebensmächtiger Mann, der durch sein Dasein die Menschen leitete und formte. Er übersetzte seinem Volke die Schrift, ließ aber die kriegerischen Stellen des Alten Testaments aus. Er war der erste, der in Gotisch schrieb. Auch Kaiser Theodosius, wiewohl ein Gegner der arianischen Lehre, ließ ihn walten. Der Wolf, der sich in seinem Namen bergen soll (Wulfila, Wölfel), war zum Lamm geworden, aber zum herrscherlichen, im

[9a] Georg Kaufmann: Deutsche Geschichte, München 1880.

Sinne des Evangeliums. Die ihm anhängenden Goten wurden ein Hirtenvolk. Kriegerische Stämme wälzten sich an ihnen vorüber, Westgoten, Ostgoten, ohne seine Gefolgschaft mit Abenteurerlust und dem Glanz der Beute zu verlocken. Unerbittlich war der Bischof im Streit um seine Lehre: der Ketzer war Ketzerrichter. Aber mit der Gefahr der Abspaltung vereinte sich Segen. Noch in der Mitte des sechsten Jahrhunderts soll sich das Hirtenvolk Ulfilas in den Tälern, auf den Hügeln südlich der Donau behauptet haben.

Es gehört zur Dialektik der christlichen Geschichte, daß der Friedensstaat des Gotenbischofs innerhalb der Häresie aufgerichtet wurde. Aber der echte Friede wurde auch einmal in der Mitte gesehen und ergriffen: im Reich. Als im Oktober 1043 König Heinrich III., in frühen Jahren Sieger über Böhmen und Ungarn, nun auf der Heimkehr aus Burgund, wo er Agnes, die Tochter des Herzogs von Aquitanien, als Braut heimgeholt hatte, im Münster zu Konstanz mit dem Bischof vor den Altar trat, um geistliche und weltliche Herren und das Volk zum Frieden zu mahnen, da meinte er einen unverbrüchlichen. Er gelobte allen seinen Widersachern Verzeihung und bat und bedrohte die Anwesenden, es ihm nachzutun. Nach seiner in Ingelheim gefeierten Vermählung, um Weihnachten, erneuerte er sein Gelöbnis in Trier und wiederum im folgenden Jahre, als er an der Raab die aufständischen Ungarn geschlagen hatte: unter dem Gesang des Kyrie, barfuß, im Bußgewand warf er sich an der Spitze des Heeres auf dem Schlachtfeld vor dem Kreuze nieder, dann umarmten sich die Krieger und entsagten der Zwietracht, Friede und Freundschaft für alle Zukunft versprechend. Wieder kündigte der Kaiser nahen und fernen Freunden und Feinden Verzeihung an. Zwei Jahre darauf, nach der Krönung, besiegelte er sein Gelöbnis feierlich am Petersgrab. In Aquitanien, der Heimat der Kaiserin, hatten die Bischöfe vor einigen Jahren, nach schlimmer Notzeit, unter der Begeisterung des Volkes, einen allgemeinen Gottesfrieden, Treuga Dei, verkündet (1031). Von Mittwoch abend bis Montag früh jeder Woche sollten die Waffen ruhen. Der Kaiser wollte offenbar mehr: er hoffte auf einen Wandel der Welt. Aber in den kurzen Jahren seiner Herrschaft (1039–1056) erwuchsen ihm mächtige Feinde in Lothringen, Kärnten, Schwaben, Bayern und unter den geistlichen Fürsten. Während des zweiten Italienzugs (1053) wurde ein Anschlag auf sein Leben geplant. Nachdem er auf seiner Burg Bodfeld am Harz gestorben war, entbrannte unter der Regentschaft seiner Witwe Agnes die Feindschaft aller gegen alle, der rücksichtslose Streit der Fürsten um Krone und Reich. Und doch geht noch immer ein Strahl aus vom Münster am See:

Zeichen, daß ein Mächtiger der Erde den Frieden wahrhaftig verstanden und gewollt hat; daß er ihn unter dem Kreuze versprach und bereit war, ihm Opfer zu bringen.

Des Kaisers Hoffnung ruhte auf der religiösen Einheit. Ihr hat er, auf der Höhe des Reiches, einen ergreifenden Ausdruck verliehen. Wenigstens die Sinngebung des Reiches ist durch ihn vollzogen, dargestellt worden, und es gehört zum Großen der Geschichte, daß die Feuerzeichen, wenn auch nicht die Siegeszeichen, des Gottesreiches sich von Gipfel zu Gipfel und über die Meere fortzünden; daß die Völker die Sehnsucht danach, einige Hochsinnige den Glauben bewahrt haben. Antike Formen, Ideen, Prophetien mit christlicher Sehnsucht verschmelzend, grüßte Dante den Weltmonarchen, den obersten Rechtswahrer und Schlichter über der farbigen Fülle der vielgegliederten Erde, der Völkerschaften und Städte; er ist Abbild des Königs der Könige, Friedefürst. Pietas, civilis benevolentia, humanitas walten, kraft seiner Herrschaft, durch die ganze Welt. Er ist fern und scheint sich doch zu nahen: Kaiser Heinrich VII., der Luxemburger, ist wie sein Bote. Ja, der Gefeierte trägt schon die Züge des Wahrers der Weltgerechtigkeit. An ihn darf die Frage ergehen: ob er es ist, der da kommen soll, oder ob wir eines andern warten müssen. Er ist aber auch, in eine wildzerrüttete Welt gesandt, das Lamm, das ihre Sünde trägt. Der verbannte, leidenschaftlich in den Haß der Parteien verstrickte Prophet ruft den Kaiser gegen die eigene Vaterstadt auf, daß er sie bestrafe. Von dieser Herrschaftsidee her ist es verständlich, daß Dante den Engelpapst, papa angelicus, verdammte: nicht vom Papste, sondern vom Kaiser sollte die Ordnung ausgehen. Aber an der Gestalt des Engelpapstes dichtete innige Friedenssehnsucht der Völker, die immer wieder erwachte und enttäuscht wurde – und noch immer lebt. Cölestin V., der Einsiedler vom Berg Murrone in den Abruzzen, wurde von den Häuptern der Kirche auf dem Konklave von Perugia als Engelpapst gewählt (14. Juli 1294), in dem von ihnen sehr ernst gedeuteten weltgeschichtlichen Augenblick, da das Reich zu Ende war, die Fürsten nicht zu ordnen vermochten, da, nach ihrem Glauben, die Voraussage des Joachim von Floris sich erfüllen und ein ganz neues beginnen mußte: das Friedensreich des Geistes. Das fünf Monate währende Pontifikat des Petrus von Murrone, sein Verzicht, seine Flucht, seine Gefangenschaft und sein Ende in einem Turme vor Anagni im Volskergebirge, Versagen seiner selbst und aller – und der Fluch, der sich daran knüpfte, sagen im Grunde alles, was auf dem Boden bisheriger Geschichte zu sagen ist von der Herrschaft des Lammes, vom Lose des Friedens in der Welt, vom Scheitern, von der Unsterblichkeit einer Hoffnung. Der Engelpapst wandelt durch die Papstgeschichte als ihre heilige Unmöglichkeit. Aus der tiefsten Not religiöser Wirren in Frankreich erhob Jean Bodin (1530–1596), erst Anwalt am Pariser Parlament, dann im Dienste des Herzogs von Alençon, später Richter in Laon, den Ruf nach Toleranz. Sie kann in glaubensstarken, um den Glauben ringenden Zeiten nicht als Verwischung der Grenzen, Verschmelzung der Lehren verstanden werden, sondern als Verbindung zwischen festen, einander gegenüberliegenden Stellungen, als gegenseitige Achtung vor inneren Notwendigkeiten, als geschichtlicher Ausdruck der Einsicht, daß nicht der Sieg das Kriterium der Wahrheit ist, sondern die Wahrhaftigkeit. Der französische Staatslehrer hatte erkannt, daß seit der Spaltung der Christenheit religiöse Duldung Voraussetzung jeglichen Friedens geworden war[10]. Das ist fortan, bis zu Söderblom, Gesetz, der Grund, warum die Verfechter dauernden Friedens stets in Gefahr sind, jeglicher Orthodoxie verdächtig zu werden. Wohl ist das paradox. Denn echte Toleranz ist ein Zeichen der Stärke: wer fest ist in sich selbst, kann dem Andersdenkenden und -glaubenden die Hand reichen, ohne Ansteckung zu fürchten. Für den wahrhaftigen Glauben ist überhaupt keine Gefahr, außer der Anfechtung von innen, Bodins Schicksale sind ein Prolog: er war Katholik, entging aber mit knapper Not den in der Bartholomäusnacht nach ihm ausgesandten Mördern, mußte, da er nicht Vorherrschaft, sondern Frieden wünschte, den Reformierten verhaßt werden, obwohl er sich um sie hohe Verdienste erworben hatte, entschied sich für die Liga, die gegen die Hugenotten gewendete Partei des Herzogs von Guise, galt aber auch in dieser als Ketzer und suchte, seine Stellung widerrufend, bei Heinrich IV. Schutz, als ihm das Ketzergericht und die Verbrennung seiner Bücher drohten. Erst gegen die Mitte des vorigen Jahrhunderts kam das „Siebengespräch“ unverfälscht ans Licht, in dem er nicht allein die Christen, sondern auch Heiden, Arianer, Juden und alle Sektierer ermahnte, in Eintracht miteinander zu wohnen.

Aber der Friede ist immer da – zum mindesten als sehnsüchtiger Glaube – und nie. Das Bild des Friedensreiches ist dem Menschen eingeboren, er kann nicht von seiner Verwirklichung lassen, muß es bezeugen, herabbeschwören, wie es Shakespeare, nachdem er die Tragödien der Herrschaft und Liebe, des Zweifels und der Dämonie, der Versuchung und Verblendung durchschritten hatte, in seinen Romanzen getan hat: am Ende von „Cymbeline“ versöhnen sich Briten und Römer, das heißt die Besiegten und die Eroberer, in

---

[10] Hans Prutz: Die Friedensidee. 1917.

Frömmigkeit, Cäsars räuberisch-gieriger Adler entschwindet über Britannien im Licht, zwei Traditionen klingen zusammen, Gegensätze werden Harmonie, „feierliche Musik" – da ja Musik für Shakespeare, der Geschichte wie kaum ein anderer erfahren, gestaltet, durchlitten hat, letzter Ausdruck der Ordnung ist:

> *Preis sei den Göttern!*
> Es wirble Rauch empor zu ihrem Sitz
> Aus heilgen Tempeln! Ruft den Frieden aus
> All unsern Untertanen. Ziehn wir heim,
> Ein römisch und britisch Banner wehe
> Freundlich vereint. *(Cymbeline V, 5.)*

Die Erscheinung des Friedens in der Geschichte hat etwas Märchenhaftes, wie die Buße Heinrichs III. auf dem Siegesfeld. (Aber auch Schopenhauer ist noch wie Kant der Meinung gewesen, daß ein jeder Krieg mit einem Akt der Buße beschlossen werden müsse.) Ein solches Märchen, zwischen Mittwoch abend und Montag früh, spielte in Upland, einer ursprünglich schwedischen Kolonie in Nordamerika, die William Penn für die kriegerischen Verdienste seines Vaters übereignet worden war. Der Gouverneur reiste im Oktober 1682 im offenen Boot den Delaware hinauf, unter den Wäldern hin, umwimmelt von Kanoes. Er stieg aus; ein wohlgestalteter Mann in Kavaliershut und -kleidung, gegürtet mit blauer Schärpe, aß mit den Rothäuten Eckern und Maisgrieß, die sie ihm boten; ja er soll sich, was für einen Frommen ganz unziemlich war, nach der Mahlzeit auf Wetteifer im Laufen und Springen eingelassen und, kaum glaublicherweise, die neuen Freunde darin übertroffen haben. In einem noch vor einem Jahre in London datierten, mit „Meine Freunde" überschriebenen Briefe hatte er den Eingeborenen angezeigt, daß es dem großen Gott, dem alle Menschen für Leben und Gesundheit zu danken haben, gefallen habe, ihn mit ihnen zusammenzuführen und daß der König ihm ihr Land übereignet habe; er hatte ihnen Recht zugesichert und sein Kommen angekündigt. In der Gegend der Mündung des Schuylhill, vor dem Kreise der Wälder, erwarteten die Indianer dreier Stämme, Männer, Frauen und Kinder, den Gouverneur unter einer alten, ihnen heiligen Ulme. Die Häuptlinge trugen kostbaren Federschmuck.

Die Waffen haben sie abgelegt. Der oberste Häuptling [10a] hat sein Haupt bekränzt und mit einem kleinen Horn geschmückt: er und der Ort sind unverletzlich. Waffenlos tritt Penn mit seinen Beglei-

---

[10a] Emilie Fogelklou: William Penn. Hamburg 1948.

tern unter sie. Ein alter englischer Kapitän dient als Dolmetsch. Die Geschenke werden ausgebreitet. Penn entrollt den Vertrag: sie sind Brüder als Kinder desselben Vaters. Jeder hat das Recht, des anderen Wege zu gehen. Sie erweisen einander Gastfreundschaft, glauben bösen Gerüchten nicht und werden versuchen, deren Herkunft aufzudecken. Sie warnen einander in Gefahren, schädigen einander weder an der Person noch am Eigentum; etwa dennoch geschehene Übertretungen sollen genau untersucht, gutgemacht und dann vergessen werden, „begraben sein in bodenlosem Abgrund". Sie leisten einander Beistand, wo und wie immer sie können. Das soll gelten „solange Ströme und Flüsse rinnen, und solange Sonne, Mond und Sterne bestehen". Einer der Häuptlinge und Penn reichen einander die Hand. Ohne Eid ist die Übereinkunft geschlossen. Auf einem Gürtel aus Schneckenhäusern sind die einander die Hand gebenden Männer dargestellt: Penn und Onas, die „Feder": ein mächtig breiter, wie ein Baumstumpf auf der Erde stehender Mann, und ein schmaler.

Hier, unter der Ulme auf dem Häuptlingsplatz, war der Friede in Wahrhaftigkeit gemeint, und an die siebzig Jahre hat er angehalten, also wohl über die Lebenszeit der beiden Partner hinaus. Penn kehrte nach England zurück. Er bat König Jakob II. für die noch immer in den Kerkern liegenden Gesinnungsgenossen um Gnade; Verwaltungsfragen, die ungewisse Grenzziehung brachten Verdruß. In den folgenden Jahren sollte es sich zeigen, wie recht Jean Bodin hatte, als er religiöse Toleranz als Voraussetzung jeglichen Friedens in Europa betrachtete. Die Wendung Jakobs II. zur katholischen Kirche kostete ihm den Thron, Penn, der wegen seines Umgangs mit dem Stuart Verdacht erregt hatte, die Kolonie. Nachdem Wilhelm, Generalkapitän und Großadmiral der Niederlande, Schwiegersohn Jakobs II., auf Einladung der Protestanten in England gelandet, Jakob geflohen war (1688), Wilhelm den Rivalen, der, von Frankreich zurückkehrend, sich Irlands bemächtigt hatte, auch dort geschlagen hatte und von Schottland anerkannt war, verlor der „Jesuit, Verräter und Jakobiner" Penn allen Besitz, auch die irischen Güter, 1692 endgültig Pennsylvanien, woher traurige Nachrichten von religiösen Zwisten unter den Kolonisten kamen. Er selbst hatte einmal, im Sinne weltumfassender Religiosität, sich einen Katholiken genannt, aber nicht einen römischen. Er mußte fliehen, hielt sich jahrelang verborgen, auch viele seiner Freunde mißtrauten ihm; wiederholt wurde er vor Gericht zitiert. An ihn gerichtete Briefe des verjagten Königs wurden aufgefangen, aufgestöbert; Soldaten rissen ihn aus seiner Wohnung; lange lag er im

Gefängnis. Hier besuchte ihn George Fox, der unbegreifliche Prophet seiner Zeit, Anwalt der Neger und Züchtiger der Sklavenhalter, der seinem Tode schon nahe war. Diesem ward einst in seiner stürmischen Jugend, als er über die Felder von Coventry wanderte, geoffenbart, daß Gott nicht in Tempeln wohne, die von Menschenhänden gemacht sind, auch nicht mehr in denen, die er zu bauen befohlen hatte, sondern in seinem Volk. Das Wort Gottes war „wie ein Feuer" in ihm gewesen; erbittert vom Anblick der Kirchtürme Lichfields hatte er, im Winter, die Schuhe von den Füßen gerissen und sie Schafhirten hingeworfen; dann war er in die Stadt gelaufen, die „blutige" – denn Blut sah er durch alle Straßen rinnen, und der Marktplatz war wie ein Teich aus Blut – und hatte Wehe über sie gerufen. Und ein andermal hatte George Fox, von Gesichten überhäuft, gejagt, gepeinigt, wie Io von der Bremse der Hera, sich selber gesehen, wie er mit Freunden übers Feld ging. Er bat sie, in der Erde zu graben, und sie stiegen hinab und fanden Volk, das gefangen war von Erde, Felsen und Steinen. Und die Freunde durchbrachen das Erdreich und ließen die Gefangenen frei. Und wieder gruben sie auf sein Geheiß und stießen wieder auf ein in einer Höhle eingeschlossenes Volk. Und auch er, der Prophet, stieg hinab, und er sah eine Frau da sitzen, in weißem Kleide, auf die Zeit blickend, wie sie dahinschwand (looking at time how it passed away)[11].

Das Bild der Kolonie Pennsylvanien ändert sich rasch. Anfang der vierziger Jahre des achtzehnten Jahrhunderts reist eine seltsame Gesellschaft von Philadelphia den Delaware hinauf: ein Mann von voller Gestalt und bedeutenden Zügen, im leinenen Sommerkleid des geringen Mannes, begleitet von einem jungen, etwas leidenden Mädchen, seiner Tochter, umgeben von einem Gefolge wie ein großer Herr: es ist Nikolaus Graf von Zinzendorf und seine Tochter Benigna. Er segelte von London nach New York, mit Absicht auf einem unbewaffneten Schiff, das auch nicht im Schutze eines bewaffneten fuhr. Spanier und Engländer lieferten einander Gefechte auf See. Dem Grafen wäre es unmöglich gewesen, Zeuge eines solchen zu sein. Sein Titel erregte Ärgernis. Im Hause des Gouverneurs in Philadelphia, vor vielen Zeugen (Varnhagen von Ense: Biograph. Denkmale, 5. Teil), unter denen Benjamin Franklin war, legte er den gräflichen Namen in lateinischer Rede feierlich ab. Er erbaute sich am Strome an den aufblühenden Kolonien der Brüdergemeinde, sang und predigte dort mit seiner mächtigen Stimme. Aber die puritanischen Prediger betrachteten ihn feindlich. Hinter den Bergen traf

[11] Journal of George Fox.

er auf Indianerhäuptlinge, die eben in Philadelphia den Friedensbund erneuert hatten. Mit Hilfe des Dolmetschers verkündete er ihnen das Wort. Sie hörten es freundlich an und reichten ihm zum Zeichen friedlicher Gesinnung eine Korallenschnur. Als er sich aber niedersetzte, ein Lied zum Preise der Indianer aufzuschreiben, wurde er samt seinen neuen Freunden von einem puritanischen Friedensrichter verhaftet. Es war nämlich Sonntag. Der Sabbatschänder mußte unweigerlich die festgesetzte Geldbuße bezahlen. Die Saat, die er unter wilden Indianerstämmen auswarf, fiel auf steinigen Grund. Sie trachteten ihm nach dem Leben. Seine herausfordernde Erscheinung, die schwärmerische Umgebung ihn begleitender Frauen, die er mit heimatlich-sächsischen Kosenamen bedachte, verstimmte die Kolonisten, reizten zum Spott, gaben seinen Feinden, vor allem den puritanischen Predigern, den erwünschten Stoff. Schlimme Gerüchte liefen ihm voraus, folgten ihm. Als er in Philadelphia predigend Abschied nahm (1743), mußte er wohl fühlen, daß hier der rechte Boden nicht war.

Die Erwartung des Reiches gebärdet sich als Narrheit vor der Welt. Volk um Volk west im Erdgrab, und die Zeit, die nie ergriffene, fließt an ihnen vorbei. Im unerbittlichen Winter kommt es auf die wenigen an, für die das Wort „wie Feuer“ ist. In Wäldern und Höhlen Böhmens taten sich Brüder zusammen, um nach der Bergpredigt zu leben; sie sagten sich von der Kirche los, verwarfen Eid, Waffe, Staatsamt. Als sie sich weigerten, im Schmalkaldischen Kriege zu kämpfen, wurden sie nach Polen und Preußen vertrieben. Die Mennoniten brachen zur Wanderschaft auf aus Friesland und Holstein, aus Holland, nach Ost- und Westpreußen, weiter nach Rußland, von dort nach Nordamerika, nach Brasilien – wohin? Sie teilten sich in Flaminger und Ukewallisten, Taufgesinnte und Untertaucher, in immer andere Gruppen, vereinten sich wieder. Was die Mächtigen ihnen versprochen, hielten sie nicht. Sie schätzten wohl die Arbeit und Friedsamkeit der Pilger, nicht ihr Nein an Eid und Gewalt. Und diese trennten sich nicht von Heimat allein, sondern auch vom Ursprung, dem Geiste der Stiftung. Sie nahmen die Farbe der Mächte an, die sie beherbergten. Der Mensch ersehnt Vaterland. Aber alles Vaterland wird Staat.

Die Spuren der Friedfertigen, derer, die den Frieden *tun*, ziehen sich verlöschend über die Erde. Sie enden vor blutbefleckter Wand. Sie morden nicht. Aber in dieser uns gegenwärtigen Welt sind sie immerfort in Gefahr, diejenigen zu Mördern zu machen, unter denen sie den Frieden tun. Wollen sie das meiden, so verrraten sie sich selbst. Das ist Geschichte.

Mit genialer Intuition hat Schiller an den Anfang des „Wallenstein“ das Bild des Friedens gestellt. Max Piccolomini träumt im Rathaus zu Pilsen von der fernen Heimkehr des Soldaten, des „Fremdlings“ in sein „Eigentum“:

Mit breiten Ästen
Deckt ihn der Baum bei seiner Wiederkehr,
Der sich zur Gerte bog, als er gegangen.

Aber Max ahnt doch nicht, was der „Fremdling“ gesehen, getan hat, getan haben muß, bis er wiederkehrt. Dann spricht er den Vorwurf an die Kriegführenden aus: als Verteidiger Wallensteins, der

Beim Feind Vertrauen zu erwecken sucht,
Das doch der einz'ge Weg zum Frieden ist;
Denn hört der Krieg im Kriege nicht schon auf,
Woher soll Friede kommen? *(Piccolomini, I, 4.)*

Vielleicht sind es Gedanken Kants, der seine letzte kostbare Kraft, seine reife Erfahrung und Weltbetrachtung an diese Botschaft setzte, um die Zeit, da Napoleon in den Bügel trat, Hegels „Weltseele auf dem Pferde“, den Völkern die Sporen in den Leib zu stoßen. Der Bogen des Friedens ist über die Tragödie Wallensteins gespannt, die Bahn des Reichsverräters und Schwärmers, der eingestandenermaßen ein Wahnsinniger ist: denn er schlummerte als Knabe im Fensterbogen ein und stürzte zwei Stock hoch nieder:

Von diesem Tag an, sagt man, ließen sich
Anwandlungen des Wahnsinns bei ihm spüren.
(Wallensteins Tod, IV, 2.)

Da er gefallen ist, regiert der furchtbarste Aspekt: „Kein Sternbild ist zu sehn“ (V. 3). Nun erst werden das Reich und der Schwedenkönig zum Todeskampf zusammenstoßen. Der Fremdling wird nicht in den Schatten des Baumes treten. Längst hat der Krieg ihn hinweggerissen. Nein: er hat sich verzweifelt in den Tod gestürzt und ist schuldig geworden am Untergang des ganzes Regimentes, das er ihm zuwarf. Sein heroischer Untergang strahlt in verdächtigem Glanz. Schillers großes Gedicht, das die Welt als Kriegslager sieht, ist ein Prolog der Napoleonischen Ära, der Herrschaft des Mars. Und in verwandter Perspektive spielt Grillparzers „Bruderzwist“ das Vorspiel des Dreißigjährigen Mordens; hier spricht Kaiser Rudolf II., noch von einem Schimmer des wissenden Weltmonarchen umleuchtet, die Paradoxie des Friedens in der Geschichte aus: Fluch jedem

Krieg! Doch besser mit den Türken als Bürgerkrieg, als Glaubens-, Meinungsschlachten. Der Türkenkrieg in Ungarn ist darum „gut" (3, I).

Als das Kriegslager der Napoleonischen Ära sich auflöste, die Heere in ihre Völker zurückströmen sollten, träumte Johann Heinrich Jung, Augenarzt, einst Professor der Landwirtschaft und Kameralwissenschaften, Pietist, Romanzendichter und Geisterseher, nun badischer Geheimrat in Karlsruhe, von der Einigung aller Christen. Stellte sie sich nicht in der Verbrüderung der drei siegreichen Monarchen dar: „Was mir besonders auffällt, ist, daß unsere drei Befreier die drei Hauptkonfessionen darstellen, in welche die Christen zerfallen. Der Kaiser Franz ist der größte der römischen Katholiken, Kaiser Alexander der erste der Griechisch-Katholischen und König Friedrich Wilhelm der Hervorragendste unter den Protestanten. Es ist, wie wenn der Herr gewollt hätte, daß die Einigung aller Christen unter ihren bedeutendsten Führern das Götzenbild der Konstitution umstürze, das die angeblich freie Vernunft in Frankreich mit so viel Lärm aufgerichtet hatte."[12] Die Wendung gegen die Revolution ist bezeichnend und schicksalsschwer. Wie Bodin sah Jung-Stilling im religiösen Frieden das Fundament des politischen in Europa.

Freilich: der Dämon kehrte noch einmal zurück. Auf der Reise zum neu sich eröffnenden Kriegsschauplatz, in das Hauptquartier zu Heidelberg, verweilte Zar Alexander, im Augenblick noch der mächtigste Mann Europas, der Welt – aber doch nicht ganz sicher, ob er es morgen noch sein werde – am 4. Juni 1815 in Heilbronn (nach Schwarz). Der schäumenden Lebenslust früherer Jahre war er müde geworden, auch der Menschen, vielleicht selbst des Ruhmes und der Macht; in ihm arbeitete die Sehnsucht nach Einkehr, vielleicht nach Sühne, Buße für bekannte oder verschwiegene Schuld. Er suchte Trost in pietistischen Ermahnungen und Verheißungen, in der „dunklen Wolke über dem Heiligtum". Jung-Stillings Weisungen beschäftigten ihn. Er hatte den seltsamen Mann einmal in Bruchsal vor sich kommen lassen, ohne, wie es scheint, den erhofften Rat empfangen zu haben. Auch die Baronin Julie von Krüdener, die sich überraschenderweise an diesem Abend beim Kaiser melden ließ, war eine Verehrerin des nüchtern-überschwenglichen, erd- und himmelsnahen, gefühlsseligen und ein wenig eitlen Menschen- und Geistesfreundes in Karlsruhe. 1806 in Potsdam, bei der ersten Begegnung mit dem Zaren, hatte sie einen offenbar unvergessenen

[12] Wilhelm Schwarz: Die Heilige Allianz. Stuttgart 1935.

Eindruck auf den Selbstherrscher gemacht – während sie sich vergeblich um einen Einfluß auf die Königin Luise bemüht hatte. Inzwischen hatte sie den Mut und Aberwitz, eine „geheiligte Politik“, die die „Zügel aller Dinge“ ergreifen sollte, zu proklamieren.

Aus dem dreistündigen Gespräch des Zaren mit der im Zwielicht widersprechender Urteile der Zeitgenossen schillernden Frau entwickelte sich Freundschaft – der Einladung nach Heidelberg folgte bald die in das bezwungene Paris; aus der Freundschaft der Bund der Siegermächte, die versöhnende Einigung der Sieger und Besiegten, der sich – Anfang 1818 – fast alle europäischen Staaten anschließen sollten, die erste Einigung Europas, die Idee eines europäischen Heeres. Im Lager von Vertus in der Champagne erlebte Julie von Krüdener, an der Seite Alexanders, unter den Fürsten den Aufmarsch der hundertfünfzigtausend russischen Soldaten als eine „Huldigung an die Religion der Liebe“ (September 1815). Den Friedensbund umflimmert eine eigentümliche, verwirrende Ironie. Metternich sah ihn realistisch, als eine „Bruderfreundschaft“, die wenigstens für ein paar Jahre halten konnte, in dem sich mit der Allianz verschmelzenden Sektenwesen aber eine „gefährliche Verrücktheit“. Man muß es sich eingestehen, daß der Gedanke des Weltfriedens von einer großen Schar seiner Verfechter auf das schwerste belastet worden ist. Die Bemannung der Arche besteht zu einem bedeutenden Teil aus Leuten, die sich des Spottes der Welt erfreuen, so daß ein gewisser Mut dazu gehört, an Bord zu gehen. Eben diese Peinlichkeit, der die Sache bedrückende Mißkredit, gehört zum Ernst des Problems. Die Gefolgschaft schadete mehr als die Gegner, die sogar Nutzen stiften.

Frau von Krüdener, geboren in Riga (1764), Witwe des russischen Gesandten, erst in Kopenhagen, dann in Berlin, als dessen Gattin sie höchst freizügig gelebt hatte, genoß in ihrer Jugend in Paris den Ruhm kühner Kostüme und ihres Schleiertanzes, ihrer weitbekannten Abenteuer, die Freundschaft mit Frau von Staël und anderen Berühmtheiten. In der Lebenskrise späterer Jahre erfuhr sie ihre Bekehrung in der Herrnhuter Gemeinde zu Riga, also unter Fortwirkung Zinzendorfs und der Tradition der mährischen Brüder, die er erneuert hat. Jung-Stilling führte sie beim großherzoglichen Hofe in Karlsruhe ein, dem Alexanders einsame Gattin, die Zarin Elisabeth, entstammte. Sie bekannte, eine große Sünderin gewesen zu sein, nun aber das Werkzeug des Heilands, erwählt, wie Alexander in ihren Augen der Erwählte war, der Friedensfürst, der „Abgesandte Gottes“. Man versteht den alten Blücher, der an Gneisenau schrieb: „Die Frömmigkeit des großen Mannes ist ein böses Zeichen, durch bigotterie wird man zu allem verleithet, zumahl wenn Weiber sich mit das Apostel Handwerk abgeben."

Das ist das Urteil des Soldaten. Und doch! Wieder hatte der Krieg, einer der gewaltigsten, die über Europa hinweggetost sind, eine Friedenskonzeption hervorgebracht. Der Bleistiftentwurf des an die Völker gerichteten Manifestes ist von Alexanders eigener Hand. Gemeint ist eine Änderung „von Grund auf", eine einzig auf die Religion Jesu Christi gegründete Ordnung der Dinge, die Übertragung der Gerechtigkeit, der Liebe und des Friedens, die bisher nach allgemeinem Glauben nur für das Privatleben angewandt wurden, in die Beziehung der Staaten, als „Richtschnur", unwiderruflich, nach „unerschütterlichem Entschluß". Alle Heere der Vertragschließenden sind brüderliche Glieder des einen Heeres, das berufen ist, die Religion, den Frieden, die Gerechtigkeit zu schützen. Ein jeder Bürger der alliierten Länder wird ermahnt, sich täglich in den Grundsätzen und Pflichten der Religion zu üben und zu befestigen: in einem jeden einzelnen muß der Friede des guten Gewissens begründet sein, wenn die Welt Friede haben soll. Die bedeutendste Forderung war vielleicht, daß die Fürsten sich in ernstem Sinne als Väter von Völkerfamilien verbünden sollten, daß Herrschaft noch einmal als Vatertum innerhalb der Familie verstanden wurde. Friedrich von Gentz hatte noch während des Wiener Kongresses, als dessen Sekretär, die Verpflichtung ausgesprochen, „jede andere Erwägung der unverletzlichen Aufrechterhaltung des Friedens unterzuordnen". Im Jahre 1816 schlug der Zar der englischen Regierung „eine gleichmäßige Reduktion der bewaffneten Streitkräfte jeder Art" vor. Während der folgenden Jahre breitete sich der Bund über den Kontinent aus, selbst die Schweiz trat bei – nur nicht die Türken – und der Papst, der die liberale Gleichsetzung der Bekenntnisse ablehnte. Der Christ, erklärte der Zar, als ihm dies mitgeteilt wurde, bleibe jeder Regung des Zornes unzugänglich. England beschränkte sich auf eine Sympathiekundgebung. Ein Versuch, die Allianz über den Atlantik auszudehnen und die Vereinigten Staaten zu gewinnen, scheiterte.

Unter allen Unklarheiten und schönen Worten war eine aufrichtige Absicht, zum mindesten des Stifters, wenn er auch den Plan und den Versuch der Ausführung mit seinen persönlichen Eigenheiten beschwerte. Nie ist es gelungen, der „durchsichtigen Seele der Heiligen Allianz", wie der preußische Geschäftsträger sagte, „einen festen Körper" zu geben. In Wahrheit war das Mißtrauen zwischen Österreich und Rußland, war auch die Sorge Preußens um Behauptung seines östlichen Besitzes nicht getilgt.

Der Befreiungskampf der Griechen, der im Frühjahr 1821 einsetzte und im Mai zur Eroberung Athens gelangte, verursachte eine Spannung zwischen Alexander und Metternich. Ursprünglich galt Alexander als Beschützer der Aufständischen, während der österreichische Staatsmann sie als Revolutionäre verwarf; später entschied sich Alexander gegen sie; er suchte aber den Krieg zu vermeiden, während die Prophetin der Allianz ihn schon als Eroberer Konstantinopels und Stifter des goldenen Zeitalters, des „großen Sabbat", am Heiligen Grabe sah. Die belgische Frage, die kolonialen Probleme, die immer dringlicher werden mußten, bargen schwere Gefahren. Immer entschiedener, seit der Französischen Revolution, handelten die europäischen Ideen und gerade solche, die dem Frieden dienen sollten, gegen Europa selbst. Unterrichtet vom Spiel der Gesandten Österreichs, Frankreichs, Preußens in Konstantinopel, entschloß sich der Kaiser endlich, den Weg zu verfolgen, „den ihm die wahren Interessen seines Reiches und seiner Würde" vorschrieben (1825). Alexander suchte den Anschluß an England. Der Bund der Liebe wurde in Metternichs Hand zum Instrument der Bedrükkung, der Reaktion, die sich schon in den Ursprüngen angedeutet hatte. Längst war die Prophetin landflüchtig geworden: in Württemberg, in der Schweiz wurde ihr der Zutritt verwehrt, in einer badischen Enklave im Württembergischen, der Mühle zu Schlüchtern, in Leipzig, in Petersburg, wo Alexander sich verleugnete und sie auswies, auf ihrem Gute in Livland fand sie keine Ruhe. Auf der Reise in die Krim ist sie gestorben (1824).

Schwer hatte sich der Zar seine liebste Konzeption aus dem Herzen gerissen. Noch 1822, auf dem Kongreß in Verona, hatte er erklärt: „Heute dürfe es keine englische, französische, russische, preußische, österreichische Politik mehr geben, sondern allein eine zur Rettung der zivilisierten Welt allen Völkern und Herrschern gemeinsame gegen die Revolution."[13] Hinter dem seltsamen Gebilde der Allianz deuten sich Einsichten und Ahnungen eines bedeutenden Denkers an: im Jahre 1814 hatte Franz von Baader (1765–1835) den drei siegreichen Monarchen gleichlautende Entwürfe einer „christlichen Politik und theokratischen Menschheitsorganisation" (Stählin) überreicht. Für ihn ging „eine jede Sozietät – in der Ehe, der Familie, des Volkes, des Stammes – von der unmittelbaren, darum verlierbaren Liebe aus und soll in der mittelbaren, konfirmierten Liebe sich vollenden". Ihn sollte die Ahnung europäischer Gefahren bald in die „tiefste Einsamkeit" rufen. Der früh erkannten

---

[13] Karl Stählin: Geschichte Rußlands. Bd. 3. 1935.

Drohung einer widerreligiösen proletarischen Revolution [14] suchte er durch den Einsatz christlicher Kräfte zu begegnen, auf eine Einigung der Kirchen hinstrebend, für die die Autorität Roms zu opfern er endlich sich entschloß. (Das Papsttum konnte keine Stelle einnehmen in der Heiligen Allianz.) Wiedervereinigung Gottes mit dem Menschen war für Baader, der alles Wissen als Glaubenswissen, Schauen des von Gott Erblickten verstand, das fortgehende Werk der Weltgeschichte im großen wie die Geschichte jedes einzelnen Menschen im kleinen: in diesem Prozeß hoffte er auf die religiöse Kraft Rußlands, von der er glaubte, daß sie von der Aufklärung noch nicht wie die westliche versehrt worden sei. Aber der Verkünder solcher prophetischen Gedanken wurde, als er endlich, 1822, einer Einladung eines baltischen Adligen folgend, die Reise nach Rußland antrat, in Riga vom Gouverneur als verdächtiger Liberaler und Demagoge empfangen und dann auf Befehl des Zaren an die deutsche Grenze zurückgewiesen [15]. Gegen seinen hohen Gönner, den Minister Golicyn, in Petersburg spielende Intrigen mögen das bewirkt haben. Es ist doch von seltsamer Bedeutung: der Mann, der am tiefsten vielleicht von den Gefahren der Zeit wußte, vom Mangel an Liebe, gerade im sozialen Bereich, und aus reiner Einsicht an die Lösung glaubte, weil für ihn „Innenerkenntnis vertiefte Außenerkenntnis“ war, dieser Mann mußte umkehren vor dem Reich des Erwählten. Bald sollte dieses Reich den Geistesmächten, gegen die Baader stand: Feuerbach, dem pragmatisch mißbrauchten Hegel und seinen Schülern, ausgeliefert sein. –

Krieg und Revolution erscheinen von dieser Epoche an in einer neuen, sich ständig intensivierenden Wechselwirkung, die bald von der Technisierung und modernen Wirtschaft weitergetrieben wird und diese selbst weitertreibt: Rad greift in Rad in immer heftigerem Schwunge. Krieg und Revolution rufen einander hervor; der Krieg ist eine Form des Austrags der Revolution; Motor, von beiden geheizt, ist die Technik. Wie zuvor ohne religiösen Frieden kein politischer möglich schien, so ist nun faktisch ein solcher nicht möglich ohne soziale Befriedung; also: nicht Waffenstillstand feindlicher Parteien, sondern Friede. Es fehlte nicht am Epilog des Mars auf die Allianz, dem Kommentar des aus der Geschichte Geschleuderten, der vom Pferd gestürzten „Weltseele“ auf St. Helena: das europäische Staatensystem wäre gegründet gewesen, erklärte Napoleon,

---

[14] Ernst Benz: Abendländische Sendung.

[15] Hans Grassl in der Einleitung zu Franz von Baader: Über Liebe, Ehe und Kunst. München 1953.

wenn er in Moskau Rußland und der Welt hätte den Frieden diktieren können. Es hätte seinen Kongreß und seine Heilige Allianz gehabt. Das seien Ideen, die man ihm gestohlen habe. Das sei ja sein Vorhaben gewesen: die Interessen aller Herrscher im Familienkreise zu besprechen und als „gewissenhafter Buchhalter den Völkern Rechnung abzulegen". Das ist nicht eines der Bilder, die die Prophetin liebte von „Kind und Held zugleich", vom „Mithelfer Christi", dessen spirituellen Körper nach ungeheuren Prüfungen göttliches Leben zu kristallener Reinheit läutern werde. Aber es ist doch ein friedliches Bild, das Aussicht gehabt hätte, die Zeitgenossen zu überzeugen: der Buchhalter im Familienkreis: dahin also war der Kriegsmächtige auf dem Wege bei Jena und Austerlitz und an der Beresina. Und doch ist es wahr, daß Europa seinem maßlosen Anspruch, seiner Herausforderung die Vertiefung seines Gemeinschaftsbewußtseins zu verdanken hat; daß er Dämme durchbrach, Ströme zusammenführte, Vermächtnisse und Verpflichtungen einander näherte, die Allianz war nur die Antwort, und – das ist die Ironie der Friedenspassion – das Werk des Kriegsdämons und seiner Helfer war um vieles besser gelungen, mit weit mehr Genie und Feuer getan worden, als das der Friedensstifter.

Die Denker

Im Widerspruch zur empirischen Geschichte haben europäische Denker Gedanken des Friedens gedacht. Von den wenigsten Urhebern bedeutender Friedensschriften und -entwürfe ließe sich ernsthaft behaupten, daß sie weltfremd gewesen seien, wenn sie auch keine Staatsmänner waren; vielmehr haben sie Weltkenntnis mit einer Erwartung verbunden, für deren Erfüllung es bisher kein Beispiel gab. Ist es ein Vorwurf, daß sie vom Menschen mehr erhofften, als er bisher geleistet hat, daß sie die Gegensätze der Geschichte für aussöhnbar hielten? Im Jahre 1516, von Basel aus, widmete Erasmus seinen „Fürstenspiegel" dem sechzehnjährigen „Fürsten Karl", dem späteren Kaiser. Er pries den Jüngling glücklich, weil er in ein herrliches Reich hineingeboren wurde und sich nicht eines erobern mußte wie Alexander: „wie jener sich mühte, zu erobern, so wird es vielleicht deine Aufgabe sein, freiwillig auf einen Teil deines Reiches lieber zu verzichten, als ihn im Besitz zu halten" – das ist wie eine Vorahnung des großen Verzichts. Ohne Blutvergießen, wie Karl die Herrschaft erlangt habe, solle er sie verwalten. Alle Fürsten, triumphiert Erasmus Anfang des folgenden Jahres in Antwerpen, haben „von Grund aus" die Kriegsvorbereitungen aufgegeben: der katholische König Karl, Heinrich VIII. von England, Kaiser Maximilian. Franz von Frankreich (der vor zwei Jahren bei Marignano Mailand zurückgewonnen hatte) sei wie geschaffen für Werke des Friedens.

Der Weltfriede also war auf der Schwelle, jetzt, im Jahre 1517. So schrieb nicht ein stubengelehrter Idealist, sondern ein Mann von über fünfzig Jahren, dessen von ihm oft bemitleidetes „Körperchen" der Fährnisse gewohnt war: er hatte Räuber bestanden, schlimme Überfahrten und gefährliche Paß-Straßen, kannte sich aus im London Heinrichs VII. und Heinrichs VIII., in Oxford und Cambridge, im Paris Ludwigs XII. und Franz' I., im Florenz der Medici, im Rom Julius' II., in den Schweizer Städten wie in der niederländischen Heimat, in Konstanz, Frankfurt, Straßburg; er kannte Fürsten und Völker, den Lauf der Welt. Und doch glaubte er, daß dieser sich wende, „von Grund aus“. In diesem selben Jahre des Glücks, 1517, veröffentlichte Erasmus die „Klage des Friedens“ (Querela Pacis). War es, um abzuschrecken? War es, weil er der Absicht der Fürsten nicht traute? Die wahre Ursache des Krieges, hatte er dem jungen Fürsten Karl geschrieben, liege in uns selbst, im Sturme der Leidenschaften. Und darüber hatte der Friede zu klagen: „Alle Dinge“, schluchzte er, „sind so sehr durch Zwietracht verdorben, daß man schwerlich ein Haus finden mag, in welchem ich auch nur einige Tage verweilen dürfte.“ –

Uns geht es in diesem ganzen Zusammenhange nicht um eine Geschichte der Friedensbestrebungen, nur um entschiedene Konzeptionen des Friedens, um ihre Stellung, ihr Los in der Geschichte, um die Bereitschaft ungewöhnlicher Männer, sie zu vertreten: gegen alle und alles. Eine solche, eine unbarmherzig radikale, war die des Erasmus (bleibe es dahingestellt ob aus pragmatischen Gründen oder unbedingt). Er gab keinen Plan wie die späteren Denker und begnügte sich, den Fürsten die Vermeidung von Erbschafts- und Teilungsstreiten anzuraten, Hauptanliegen war für ihn: seine Auffassung vom Christentum, die ihm gegenwärtige Gestalt Christi dem Krieg gegenüberzustellen. Schon das Vaterunser konnte der Soldat nach seiner Überzeugung nicht beten; er konnte schon den Anruf nicht sprechen, weil dieser den Vater Unser Aller meine, nicht die folgende Bitte um Heiligung, weil der Krieger ja den angerufenen Namen entheilige. „Kaum ein Friede ist so ungerecht, daß er nicht dem gerechtesten Kriege vorzuziehen wäre.“ Welch eine Antwort an die Theologen des gerechten Kriegs! Der Friede begreift es nicht, „daß das Zeichen des Kreuzes in beiden Feldlagern und Schlachtreihen leuchtet“, auf beiden Seiten Gottesdienst gehalten wird. Was ist das für eine Ungeheuerlichkeit? Kämpft das Kreuz mit dem Kreuz, Christus gegen Christus? Der Fürst möge den Herrn betrachten, den leibhaftig-gegenwärtigen, wie er die Herrschaft angetreten, verwaltet hat: keine Kriegstrompeten bliesen bei seiner Geburt, es wurden keine Siege, keine Triumphe, keine Beute verheißen. „Dem friedlichen Volke singen die Engel ein ganz anderes Lied.“

Aber den bittersten Schmerz, den Zorn des Friedens erregen die zankenden Theologen. Orden streitet mit Orden, sie selber sind in sich zerfallen; Mönch rauft sich mit Mönch. Von da dringt der Unfriede in die Welt. „Bei den Christen entflammen die Gott geweihten Priester und die sich noch heiliger dünkenden Mönche die Gemüter der Fürsten und des Volkes zu Mord und Vernichtung.“ Was aber, klagt der Friede weiter, habe die Mitra mit dem Helm, der Krummstab mit dem Schwert, das Evangelienbuch mit dem Schild zu schaffen? Besser wäre es, sich gegen die Türken zu vereinen, besser noch, „diese durch Belehrung, Wohltaten und einen lauteren Lebenswandel für den Glauben Christi zu gewinnen". (Es ist die weltgeschichtliche, bis heute unbeantwortete Frage nach der Überzeugungskraft des Christentums durch die Christen.) Aber der Friede wird nun bescheiden: „Schließlich ist schon viel für den Frieden gewonnen, wenn man ihn aus ehrlichem Herzen will." Und doch ist mehr vonnöten: ohne Verzicht ist er unerreichbar: eine neue Wertordnung müßte gelebt werden: „Derjenige soll für königlicher gehalten werden, der von seinem Rechtsanspruch abläßt." In Wahrheit aber ist alles fehlgeschlagen, was Menschen versucht haben. Die einzige Hoffnung des Friedens ist die Begegnung mit Christus, ist Seine Gnade.

Das also ist die Klage des Friedens, gesprochen im Jahre 1517, als Christus eben noch ungeteilt war, gerade ehe seine Gefolgschaft auseinanderbrach und Mars von dieser Katastrophe mit theologischem Rüstzeug überschüttet wurde. Es ist die Klage, gerufen in das Jahrhundert des Stockholmer Blutbades, der sich auf die Erben fortzündenden Kriege Franz' I. mit Karl V., des Blutstroms von Frankenhausen, der Religionskriege in Deutschland und Frankreich, der Plünderung Roms, Erstürmung Antwerpens, Bestrafung Nowgorods durch Iwan den Schrecklichen und anderer moskowitischer Greuel, der Agonie der Moriskos in den Gebirgen Granadas, der Bartholomäusnacht, des Verendens indianischer Völker, des Untergangs der Gnadenpilger in England, Fest der Märtyrer beider Bekenntnisse und aller Häresien auf Towerhill, in Rom und Madrid und Genf, im Abendland, und Vorabend des großen Hexenfeuers in der Alten und Neuen Welt. Aber dem Manne, der den Frieden hatte klagen lassen, der glaubte, daß die Erde ihn tragen könne und doch die „Tragödie" der Spaltung – Schuld und Versäumnis aller – deutlich sah in ihrer geschichtsbestimmenden Macht, blieb die leibliche Augenzeugenschaft erspart, nachdem er der prophetischen genügt hatte: er entschlief am 11. Juli 1536 in Basel in Christus und im Frieden „um Mitternacht, als die dortige, um eine Stunde vorgehende Uhr schon den 12. Juli angekündigt hatte"[16]. Schritt er über die Mitternacht gerade hinweg, uns voraus? Oder war er, so dicht beim Basler Tod, auf dem Wege in tiefere Nacht?

Aber die Streiter des Friedens streiten unter sich selbst. Sebastian Franck, auf dem Wege zum Priestertum in jungen Jahren von Luther

[16] Walter Köhler: Erasmus von Rotterdam. Briefe 1938.

mitgerissen (1520)[17], dann auch von Luther sich scheidend und den „vierten Glauben“ proklamierend, der schon auf der Bahn sein sollte, die unsichtbare, zeichenlose Kirche – also keineswegs eine Sekte, sondern „das freie Christentum“[18], Basti Franck, Geschichtsschreiber in Straßburg, Seifensieder in Eßlingen, Buchdrucker in Ulm, hier vom lutherischen Ketzergericht ausgewiesen, für sein letztes, früh gekommenes Jahr Schützling der Freiheit zu Basel, Bürger und Drucker dort (1541): er mußte mit Erasmus einig sein in der Liebe zum Frieden, in der Verabscheuung des Krieges. Aber er hatte in seiner „Ketzerchronik“, einem alphabetisch geordneten Verzeichnis aller vom Papst verworfenen Ketzer mit anschließenden Charakteristiken den Erasmus eingereiht, und dieser war nicht gesonnen, so gefährliche Nachbarschaft hinzunehmen. Franck meinte es anders: das Urteil des Papstes war ja keineswegs das seine. „Denn sollte ich urteilen, ich würde vielleicht das Spiel umkehren, und deren viel kanonisieren und in der Heiligen Zahl setzen.“ Von Freiburg aus beschwerte sich Erasmus, Franck wurde in Straßburg verhaftet, kam vor Gericht; seine eben (1531) erschienene „Geschichtsbibel“, vielleicht die erste Weltgeschichte ihrer Art in deutscher Sprache, wurde konfisziert. Ende des Jahres kam er, als der Stadt Verwiesener, frei.

„Die Schrift nennt unser Leben einen Krieg, so muß es auch immer zugehen wie in einem Kriege. Der schlafen will, wenn andere fechten, es ist billig, daß der um den Hals komme.“ So war sein Leben, und auch für den Frieden hat er ein Kriegsbuch geschrieben (Kriegsbüchlein des Friedens, 1539). Für ihn – darin ist er uns merkwürdig nah – bedeutete die Verteidigung des Friedens das Erleiden eines unerbittlichen Problems. Er war ja Geschichtsschreiber, und zwar ein wahrhaftiger, der wohl wußte, daß er die reine Wahrheit über die Vergangenheit in Büchern und Schriften überhaupt nicht finden konnte; der eingestand, daß er alles, was er berichtete, nur durch einen Nebel gesehen, alles also „ungesättigt, gleichsam nach der Wahrheit noch das Maul aufreißt“ – also hungert nach Wahrheit. Nun, Geschichte hatte ihm in der Sache des Friedens nicht mehr zu sagen als ein vernichtendes Nein! an die Verheißung der Engel in der Heiligen Nacht. Er sagte es auf der ersten Seite, daß er sich mit seinem Büchlein – wiewohl er sich mit Fiktionen zu schützen suchte – keinen „Kranz ertanzen“ werde, daß er nach keinem Bistum fische, sondern eher der Welt, der Krieger und blutgieriger Theolo-

---

[17] Walter Nigg: Das Buch der Ketzer. Zürich 1949.
[18] W. E. Peuckert: Sebastian Franck. München 1943.

gen Todfeindschaft auf sich laden werde. Warum also schrieb er? Zum Trost „allen Kindern des Friedens und des Lichts" – „nach dem Maße der Gaben Gottes und meines Gläubleins". Die andern aber werden seines Schreibens wegen ihr Kriegen nicht lassen. Und doch schreibt er: denen zuliebe, „so einfältig zwischen Himmel und Erden in einem Zweifel hangen". Es ist eine neue, eine fast vereinzelt gebliebene, kaum wieder erreichte, männliche Haltung: die eines Streiters, der wissend in der Geschichte steht. Er erkennt die Gehorsamspflicht des Kriegsmanns an unter der Bedingung, „daß kein Eid, Bündnis, Gelübde, Gehorsam wider Gott gilt"; er will nicht entscheiden, ob Christen Kriegsleute seien und sein mögen oder nicht, „sondern ein Bild eines Christen und seines Reiches und Königs" und dagegen „ein Muster Anti-christi fürreißen"; das heißt: nicht bestimmen oder befehlen, sondern zur inneren, personalen Entscheidung bewegen.

Und doch ist seine Überzeugung klar: im Reich Christi ist kein Lärm oder Kriegsgeschrei auf der Gassen; der Beleidigte erwidert nicht, hier ist „Frid mitten im Unfrid" (der Welt), das Leben im Tod, Überwindung in Leiden, Schweigen und Geduld. Christus kommt nicht mit einem gewaltigen Haufen, reisigem Zeug und gewappnetem Heer, sondern sanftmütig auf einem Esel, „nit in eines Greifen, sondern in einer Tauben Gestalt". „Man muß den Teufel mit Gottes Kraft schlagen", mit geistlichen, nicht mit eisernen Waffen. „Der Fried ist der Markstein des Reiches." Er entwirft, sich an Erasmus anschließend, eine seltsame Geschichte des Tötens: erst habe man Tyrannen und einzelne schädliche Tiere, dann, bei den Heiden, aus Erbarmung Alte und Kranke getötet, dann aber sei man von den schädlichen Tieren übergegangen zum zahmen Vieh, Schafen, Hennen, Rindern. „Des Ochsen, so uns lang mit seinem Schweiß das Feld bauen helfen und ernähret hat, ward nicht verschonet, sondern als Feind niedergeschlagen und zubereitet ... Als sie nun die Tiere zu töten gewohnt und geübt waren, fingen auch die Menschen an, einander mit Knitteln, Kolben und Steinen zu Tod zu schlagen und zu werfen." Das dunkle Bewußtsein vom Zusammenhang allen Lebens und Tötens meldet sich hier: die Ahnung oder die Furcht, daß das Wort „töten" sich nicht abgrenzen lassen könnte; daß jegliches Töten, wenn es nicht klares Unrecht ist, doch mit einem Unrecht zusammenhängt; daß Leben für sein Dasein und seinen Fortbestand Unrecht entrichtet: es ist ein Menschheitsgefühl, wie auch die Bedrückung über das Unrecht der Jagd, das Entsetzen davor sich in Überlieferungen, Sagen, Märchen ausklagt und auch das Empfinden, daß dem gefällten Baum, dem abgehauenen Zweige, der gepflückten Blume Unrecht geschehen sei, nicht verstummen will. (Ein portugiesischer Vizekönig des sechzehnten Jahrhunderts beklagte die Berge, deren Eingeweide der Mensch durchwühle, um Eisen zu fördern: und es ist kein Zweifel, daß auf der Spur solchen Naturempfindens, wenn es mit Einsicht vollzogen werden könnte, Friede wäre, zum mindesten aber mahnt es zum Frieden, lehrt es Ehrfurcht und Sorgsamkeit, darum darf es nicht übergangen werden.)

Krieg also ist Empörung gegen das geschilderte Reich. Und nun urteilt Franck doch: der Krieg „kommt vom Argen und ist wider die evangelische Vollkommenheit". Das führt zur Polemik gegen Luthers viel angerufene Schrift „Ob Kriegsleute auch im seligen Stande sein können". Luthers Frage ist übrigens von Shakespeare in dem nächtlichen Gespräche Heinrichs V. mit seinen Soldaten dahin beantwortet: daß der König verantwortlich sei für den Befehl, der Kriegsmann aber für sein persönliches Heil: dieser habe, immer vom Tod umgeben, sich so zu halten, daß er jeden Augenblick vor Gott gelangen könne. Ohne Luther zu nennen, ergießt Franck seinen Zorn über die Theologen, „die unter alle Ellenbogen ein Kissen machen". Sein Christentum ist ja ausschließlich auf das Neue Testament gegründet. Das Neue Testament steht für ihn zum Alten nicht in der Beziehung eines Fortgangs, es ist „kein Konsequenz", vielmehr verhalten sich die Testamente zueinander als „Widerspiel, Antithesis". „Das ist dort, darum da nit, und nit darum da auch." Das Priestertum ist aufgehoben wie Gesetz und Reich Israels. Ein christlicher Krieg ist im Neuen Testament „so selten wie die Störche im Winter". Jetzt aber ist letzte Zeit. Francks Friedenszeugnis, das ist von großer Bedeutung, ist von derselben apokalyptischen Stimmung erfüllt wie Luthers späte Jahre; es ist adventisch, als Bekenntnis vor dem kommenden Richter abgelegt; nur vor ihm hat er sich zu verantworten, nicht etwa vor Augustinus. „Christi Worte aber seind nit Gebote oder Gesetze, sondern ein Ruf der Gnadn und Verzeihung der Sünden, ein Freudengeschrei und Anbietung des Friedens." Hierher gehört kein Schwert, „sondern ein arm, dürftig Herz". So steht er ganz fest, kann er den Widerspruch der Weltgeschichte über sich niederrauschen lassen: die Wahrheit ist schon angegangen, „alle Figur hat aufgehört", es gelten nur geistliche Waffen. Er reißt den Schleier von den Greueln des Krieges, den Wunden, die er den Seelen schlägt, seinem furchtbarsten Schaden. Da letzte Zeit ist, so ist eben jetzt Zeit des Krieges, wie es geoffenbart worden ist. Er sieht nichts denn eitel Verheeren, Lärmen und Sieg auf des Antichrists Seiten, dagegen nichts denn Niederlagen, Jammer und

Unterdrückung auf Gottes und seines Volkes. „Du hörest hie nicht, daß Christus kriege oder siege, sondern leide und unterliege." Das „wild Tier, Mundus, die Welt" wird obsiegen äber die Heiligen. Dieses Unabwendbare hebt die Freiheit nicht auf: „So gedenke, welcher Art und Part du seiest." Es gibt keinen uneingeschränkten Gehorsam, der in diesem Endprozeß ja auch Christen gegen Christen werfen könnte: allein Gottes Geist in uns, den wir höher achten müssen als Weib und Kind, Gut und Leben, weist den Weg durch diese furchtbare Welt, „wo die vom Geschütz verderbten Krieger, Marterhansen und Eisenbeißer warm im Pulverrauche zum Himmel fahren", oder „von Läusen und Hungarischen Flöhen hinter den Zäunen gefressen werden".

Das ist der Aufschrei eines verzweifelt zwischen allen Fronten dahinflüchtenden, von allen Seiten mit Steinen beworfenen Mannes, des freien, das heißt dem Heiligen Geist allein überlieferten Christen. Hinter den sich aufbauenden Kriegshaufen jeder Partei standen Theologen, uneinig im Glauben und in der Auslegung des Wortes, einig in der Rechtfertigung und Verteidigung des von ihnen für gerecht erklärten Krieges; einig auch im Reden vom Frieden, das niemand ihnen glaubte.

Erasmus und Franck gaben keine Friedenspläne, sie warfen Proteste in die Zeit: Wasser in Feuer gegossen, das nur um so wütender aufzischte. Die Denker, die im folgenden Jahrhundert Pläne der Weltbefriedung ausarbeiteten, mußten sich zugleich an Zeit und Zukunft wenden; die bedeutendsten unter ihnen wußten, daß sie im höchsten Falle nur mit einem Vollzug von Stufe zu Stufe rechnen konnten. Einig waren sie sich darin, daß sofort begonnen werden mußte: vor ihnen brannten, rauchten die Trümmerfelder des Dreißigjährigen Krieges, Cromwells Eisenreiter stoben vorüber, der brandenburgische Marsch erscholl bei Fehrbellin, auf Usedom und verhallte im kurischen Schnee, der Türkensturm wütete, die Kriege Ludwigs XIV. entrollten sich über die Meere zu einer Weltkatastrophe: in Wahrheit sollte der Krieg das ganze Jahrhundert gewinnen. Welche Schicksale hatten diese Projekte – hatten die Hoffnungen des Friedens selbst! Maximilian, Herzog von Sully, Jugendgenosse Heinrichs von Navarra, als Finanzminister Tilger seiner Schulden, bewunderter Kriegsmann in seinen Diensten, der in Savoyen für uneinnehmbar gehaltene Festungen nahm, Großmeister der Artillerie, Kapitän der Häfen und Flüsse, nach der Ermordung seines Herrn (1610) auf seinem Schlosse Sully an der Loire in noch frühen Jahren darauf angewiesen, Tatenlust und Eitelkeit mit Memoirenschreiben abzuspeisen: Sully erlaubte sich eine Fälschung, die erst nach fast drei Jahrhunderten aufgedeckt wurde. Es ist Heinrichs IV. „Großer Plan“ (Grand Dessein), mit dem der einstige Minister seinen Herrn verklären, vielleicht auch den Gemeuchelten rächen wollte: der König hätte Europa gerettet, befriedet als Schiedsrichter der Christenheit, wenn er nicht ermordet worden wäre. Aber es ist – nach K. von Raumer – „eindeutig erwiesen“, daß der einstige Kriegsheld und Großmeister der Artillerie, nicht der König, Urheber des viel umstrittenenen Planes war: fünfzehn etwa gleich starke Staaten sollten sich zur République Chrétienne zusammenschließen unter einem Generalrat und untergeordneten Provinzialräten, um aus der Kraft inneren Friedens mit einer europäischen Armee die Türken zu vertreiben. Sully wollte also auf den Krieg nicht verzichten; er wollte ihn nach außen lenken, damit ganz im Sinne europäischer Tradition verharrend, die den Türken (wie den Hunnen) ebensoviel Leid und Angst wie Förderung und Aufrüttelung zu verdanken hat, genau wie die Griechen dem Angriff der Perser. Heinrich IV. war auf dem Weg zum siegreichen Friedensfürsten, bereit, um Europas willen einer höheren Ordnung sich und Frankreich einzugliedern.

Der Gedanke einer Gesamtregierung verschwindet nun nicht mehr; er sollte sich zur Konzeption einer Weltrregierung erweitern – welcher Traum noch über uns funkelt. Aber der etwa um dieselbe Zeit ausgepsonnene Plan des Pariser Magisters Crucé ging verloren und sollte erst nach 250 Jahren wieder gefunden werden, als die Menschen sich seinen Gedanken wieder näherten: er wollte in Venedig, als auf unparteiischem Boden, einen die Völker regierenden Gesandtenkongreß zusammenrufen, fest vertrauend auf die Vernunft: entschieden steht er gegen Sully. Die Zeit, von Siegen und Triumphen zu träumen, versichert er, sei vorüber; die Türken müßten für den Frieden gewonnen und in die Ordnung einbezogen werden. Alle Gründe und Vorwände zum Kriege weist er zurück. Glaubensirrtümer dürften nicht bestraft oder korrigiert werden. An erster Stelle soll der Papst stehen, an zweiter der Sultan, da er Herr von Konstantinopel ist, der Hauptstadt des morgenländischen Reiches – es erscheint also noch einmal das vereinigte Römische Reich, aber in die Erddimension erweitert –, an dritter Stelle der Kaiser. Perser, Äthiopier, Tataren, Chinesen, Japaner sind eingeschlossen in diesen freien Welthandelsstaat, in den weltgültiges Geld und Maß eingesetzt werden: „das Öl der großen Versöhnung“ ist auf das Weltmeer gegossen. Unverletzlich ist der Gehorsam gegen Fürsten und Regenten. Etwas Ergreifend-Hochsinniges bei vieler Nüchternheit ist an diesem wieder ausgegrabenen Traum: auf Gott vertrauende Versöhnungsbereitschaft, Glaube an Gottes Werk im Menschen.

Aber auch das Gedankenwerk Leibnizens, der von früh an Probleme des Friedens durchforschte, wurde verschüttet und ist in seiner Vielschichtigkeit, auch einer gewissen Widersprüchlichkeit, nur schwer zu durchdringen. Er wußte wohl, daß mit Crucés naiver Frage: „Was wollen wir mit den Waffen?“ und mit der Einfalt der Vernunft Geschichte sich nicht beschwichtigen läßt: er ist es zuerst, nicht Kant in der sarkastisch-unheimlichen Einleitung zu seiner berühmten Schrift, der, mit Bezug auf die Thesen eines anderen Projekte-Machers, des Abbé Saint Pierre, das Wort „Ewiger Friede“ in hintergründigem Sinne nimmt: „Ich erinnerte mich dabei irgendeiner Aufschrift über einer Kirchhofspforte, welche lautete: ‚Ewiger Friede‘. Denn freilich, die Toten schlagen sich nicht mehr, die Lebenden aber sind anderer Stimmung, und die Mächtigsten unter ihnen zollen den Aussprüchen der Gerichtshöfe gar keine Achtung.“ Halb im Ernst, halb im Spott meint er dann: es müsse in Rom ein Schiedsgericht erstellt und der Papst zum Gerichstpräsidenten gemacht werden. Das setze freilich voraus, daß die Geistlichkeit ihre frühere Autorität erlange, durch Bann und Interdikt in Schrecken zu versetzen und daß der Papst die Kirchenverfassung aus der Zeit Karls des Großen wieder einführe, damit auch die Protestanten zustimmen könnten. Dann müßten aber auch die Päpste den ersten römischen Bischöfen ähnlich werden. Kurz, es ist ja erlaubt, Romane zu schreiben.

Ernst aber war es ihm durchaus mit den Versen an Kaiser Leopold I.:

> Höchster Ruhm ist es Dir, wenn durch Dich
> die Erde zur Ruhe
> Kommt und nimmer der Krieg Christen durch
> Christen zerfleischt.

Er steht also auf seiten Sullys: weder sofort noch überhaupt kann er den Krieg verwerfen. Friedenswerke sollen die Völker Europas langsam von ihm abziehen; die Energien sollen sich vergeistigen, zusammenschließen, die Ziele sich verlagern. Ein Friede des Geistes, gemeinsames, sich wechselseitig steigerndes wissenschaftliches Streben der Völker soll den politischen Frieden vorbereiten. Man kann es wohl als ein Zeichen des Ernstes und der Überwindungsbereitschaft nehmen, daß Leibniz Ludwig XIV., der so viele deutsche Gelehrte gefördert hat, während er deutsche Länder verheerte, zum

Monarchen dieses Geistesreiches ausersah. Dieser geistigen Repräsentation, die zugleich vorbereitend und erhaltend wirken soll, ordnet er eine politisch-geschichtliche zu: Kaiser und Papst, die sich in ihre Gewalten teilen. Dann mag Europa seine kriegerische Kraft, statt gegen sich selbst, gegen den „Erbfeind, den Barbaren, den Ungläubigen“ richten und „Christi Reich erweitern“: die Franzosen sollen sich mit den nordafrikanischen Seeräubern schlagen und Ägypten erobern, welchen Rat dann Napoleon befolgte, Engländer und Dänen Nordamerika, die Holländer Ostindien kolonisieren. Aber das ist ein Luftschloß, solange die Voraussetzung nicht erfüllt ist: die Versöhnung der Gläubigen. Sie erweist sich für Leibniz als der von Sebastian Franck zitierte „stählerne Berg“, an dem wir „in Trümmer springen“. Der Donauwörther Prophet meinte damit Gott, an dem wir scheitern. Und die Versöhnung: das könnte ja die Begegnung mit Gott sein, die Erkenntnis, daß wir nicht recht haben, sondern Er. Es ist kein Friede ohne Verzicht.

Die Sonderbarkeiten hochstehender Menschen und selbst noch erlesenster, weltkundiger Geister in Sachen des Friedens sagen uns am besten, was es mit dem Frieden auf sich hat: er scheint eine notwendige Unmöglichkeit, oder, in der Sprache moderner Philosophie, eine unzugängliche Unumgänglichkeit zu sein. William Penn baute sich den Friedensstaat auf, das Märchen vom europäischen Reichstag, Parlament oder Staatenhaus – im Gefängnis unter dem Oranier, da er Muße hatte, im Jahre des Heils 1693. „Cedant arma togae“ schrieb er darüber. Nur wer der Nächstenliebe so bar sei wie die Welt des Friedens, der könne sich durch solch friedefördernden Vorschlag gekränkt fühlen. (Aber die Welt fühlt sich nicht sonderlich gekränkt. Denn sie hört nicht zu.) Penn also wollte den europäischen Reichstag zusammenrufen, und zwar das Deutsche Reich an erster Stelle, mit zwölf Stimmen, Frankreich mit zehn, Spanien auch, Italien mit acht, England mit nur sechs ...“ Und wenn die Türken und Moskowiter auch aufgenommen werden, was nur billig und gerecht wäre, dann macht dies noch einmal zehn mehr.“ Hierin war er mit dem Pariser Magister einig, gegen Sully und Leibniz. Das Sitzungszimmer müsse rund sein und verschiedene Türen haben ... Und so regierte er fort in seinem Gefängnis, in seinem kindlichgroßen Glauben an die Vernunft, die Ehrenhaftigkeit, daran, daß es nur einen einzigen Heiligen Krieg gibt: den gegen den Teufel (was ja doch die Lehre des Evangeliums ist); daran, daß durch solche Institutionen „das Ansehen des Christentums sich bis zu einem gewissen Grade in den Augen der Ungläubigen wieder erholen müßte“ (was bis heute eine bittere Notwendigkeit bleibt, wie hoch auch das Martyrium unserer Missionare zu verehren ist). Auch heiße es nicht, daß das Lamm beim Löwen ruhen solle, „sondern der Löwe soll ruhen beim Lamm“. Und nun, ärgerlicherweise, das bedeutet: daß „Soldaten Eremiten werden sollen“. – Aber vielleicht bedeutet es noch mehr: vielleicht ist es der Löwe, der des Schutzes bedarf. Das Lamm, das „wie geschlachtet“ ist, wird ja herrschen. Das Lamm ist stärker als der Löwe – und nicht vor dem Löwen, sondern vor dem Lamm werden die Menschen erzittern, wenn die Sterne fallen.

Gewiß, räumt Penn ein, die Türken bedrohen uns: aber ohne die Sorglosigkeit, das Einverständnis, „wenn nicht gar die Hilfe einiger christlicher Fürsten“ wäre es nicht so weit gekommen. „Gebet und Tränen, Verrat und Blut und Verwüstung“ – das Leiden – „müssen den Kredit unseres Vorschlages erhöhen“. Nein, die Menschen werden nicht verweichlichen, wenn das Soldatenhandwerk nicht mehr geübt wird: einfaches Leben und strenge Arbeit, technische Kenntnisse und Naturwissenschaft, „wie sie die Ehre des deutschen Adels sind“, würden die jungen Menschen zu Männern machen, „aber nicht zu Weibern oder Löwen: denn Soldaten sind ja das andre Extrem der Verweichlichung“. – Wie sich das Lob wissenschaftlich-friedlicher, nicht kriegerischer oder rauflustiger Ehre des deutschen Adels jener Zeit begründet, wissen wir nicht. Aber das Ganze ist die Rede eines Kindes von genialer Intuition. In der Mitte, zwischen den Extremen der Verweichlichung, sollte männliche, frauliche Liebe sein. Den Fürsten und ihren Häusern fehlt es an gegenseitiger Zuneigung von Mann und Frau, daher Fehde und Verzweiflung. Aber glückliche Fürsten würden glückbringend sein – das ist eine Idee, die Novalis wieder aufgenommen hat. – Penn, der Gefangene seines Königs, hätte es gewünscht, daß die Völker England solche Ratschläge zu danken hätten. Aber! Der Wahrheit die Ehre! Sie sind der Ruhm Heinrichs des Großen von Frankreich; er, der Gründer von Pennsylvania, hat sie nur in Erinnerung gebracht, „zugunsten des Friedens und der Wohlfahrt Europas“, allerdings in diesem „kritischen Zeitpunkt“, im Jahre 1693, da gekämpft wird von der Nordsee bis Ungarn, ganz anderes noch zu erwarten ist und, wie die Kulturgeschichte meldet, der Name „Höllenmaschine“ für Sprengschiffe erfunden wurde.

Zu Anfang des achtzehnten Jahrhunderts hatte ein aus der Normandie stammender Geistlicher – Charles Irénée Castel, Abbé de Saint Pierre, Mitglied der Akademie und Beichtvater des Herzogs von Orléans –, derselbe, über den sich Leibniz lustig machte, einen Reiseunfall. Die Achse seines Wagens brach. Er mußte aussteigen und konnte nachdenken. Warum brach die Achse? Weil die Straße miserabel ist. Warum ist die Straße so miserabel? Weil der König Krieg führt. In den folgenden Jahren arbeitete er sein „Projet de Paix perpétuelle“ aus (1713–14). Er hatte übrigens den Mut, sich die Ausweisung aus der Akademie durch strengen Tadel der Verschwendungssucht Ludwigs XIV. zu verdienen und soll der französischen Sprache das Wort „bienfaisance“ geschenkt haben. Eine Art von Berufung war auf diesen Mann gefallen, dessen Schriften, wie es heißt, keineswegs ungewöhnlich, ja kaum mehr lesbar seien. Wie viele Achsen sind gebrochen! Aber wer fragte wie er?

Der Abbé wurde das Opfer der Fiktion Sullys und mit ihm Rousseau, der von Saint Pierre die Idee eines unauflöslichen, von einem Abgeordnetenkongreß regierten europäischen Staatenbundes übernahm. Er sollte Staaten von gleich verteilter Macht vereinen und aggressive oder defensive Sonderpolitik ausschließen. Vorbild an erster Stelle war das von ihm aufrichtig bewunderte Deutsche Reich, trotz einiger Mängel in seiner Verfassung; an zweiter die Eidgenossenschaft und die Generalstaaten. Aber ihn leitete ein schon modern anmutendes Bild Europas als einer lebendig gegliederten geschichtlichen, geistig-rechtlichen, religiösen Einheit, die „Völkergemeinschaft Europa“, deren Grundlagen von Gebirgen, Meeren, Flüssen gegeben war: „Man kann sagen, daß die politische Gestaltung dieses Erdteils in gewisser Hinsicht ein Werk der Natur ist.“ – Es ist kein Zweifel, daß die Verteilung der Macht, ein völliges Durcheinanderwerfen überkommener Grenzen, von der Sully seinen Plan abhängig machte, den erbittertsten aller Kriege entfesselt hätte: daß also Heinrich IV., wenn er sich auf diesen Wahn eingelassen und ihn bestanden hätte, blutüberströmt durch das Triumphtor gezogen wäre. Rousseau war keineswegs des Glaubens des Abbés, des „ehrenwerten Mannes“, daß man „nur einen Kongreß einzuberufen brauchte, um dort seine Artikel vorzulegen, damit sie unterzeichnet würden, und daß dann alles geschafft wäre“. Karl V., meinte Rousseau, konnte nach der Universalmonarchie streben, weil er über „großartige Mittel des Erfolgs und Genies“ verfügte und den einen Teil der Welt beherrschte, den anderen erzittern lassen konnte. Heinrich IV. setzte sich in Macht für seinen Plan, „er füllte seine Schatzkammer mit Geld, seine Arsenale mit Artillerie, Waffen, Munition“, er gebot über sechzigtausend Mann und zwanzig Kriegsschiffe und verfügte über hohes diplomatisches Geschick. Man gebe uns einen Heinrich IV. und einen Sully zurück, „und der ewige Friede wird wieder ein vernüftiger Plan werden!“ „Doch ist es leicht, sich darüber zu trösten, daß der bewundernswerte Große Plan nicht ausgeführt wurde", fährt Jean Jacques fort, „denn das kann nur durch gewaltsame und für die Menschheit furchtbare Mittel erreicht werden." Ein solcher Bund läßt sich nur durch „Umwälzungen" realisieren. Wer wollte zu sagen wagen, ob er zu wünschen oder zu fürchten ist? „Er würde vielleicht mit einem Schlage mehr Unheil anrichten, als er für Jahrhunderte verhindern könnte."

In dieser Perspektive liegt das Friedensreich am Vorabend der Revolution. Wird sie sich seiner bemächtigen? Wie sollte sie es nicht? Ist die Sehnsucht nach Frieden auf Erden nicht eine Waffe ohnegleichen im Kampfe der Revolution um ihre rechtlichen und widerrechtlichen Ansprüche, um die Durchsetzung ganzen und halben Rechts, um die Macht der Agenten und Diktatoren, die die aufgärende Masse belohnen mit dem Wahn, Herrin zu sein?, für die Tyrannei der Idee und Abstraktion? Der Friede erhebt sich mit feurigen Flügeln und schüttet Feuer über die Welt.

Während die Revolution schon im Gange war, meldete sich in England ein höchst unerschrockener politischer Ketzer: Jeremy Bentham, mit der Forderung: „Gebt alle Kolonien auf. Gründet keine neuen." Auswärtige Besitzungen lägen nicht im Interesse Englands, so wenig wie eine Seemacht zu bestreiten „über das Maß dessen, was genügend ist, um seinen Handel vor Seeräubern zu schützen". Für den Verzicht auf Gibraltar und Ostindien zählte er lange Reihen von Gründen auf, unter denen die Vermeidung von Kriegsgefahr eine wichtige Rolle spielte. Wohl versprach er sich für seinen auf Reduktion und Festlegung der Streitkräfte und Emanzipation der Kolonien, auf Welt-Gerechtigkeit gegründeten Friedensplan die Zustimmung von den Kanzeln, den Beistand des Gebetes. Sein wesentliches Argument blieb doch die problematische, für eine gewisse Industrie nicht zutreffende Banalität, daß der Krieg dem Wohlstand schädlich sei. Das Gottesreich ist auf Erden angekommen, aber es hat die Zeichen seiner Herkunft verloren.

So scheint die Wahl zu stehen zwischen dem Sturz in Blut und Feuer oder dem Tode im Kontor des Wohlfahrts- und Handelsstaats. Aber Immanuel Kant setzte sich neben dem verunglückten Wagen an der vom Kriege zerbeulten Straße nieder und dachte nach über das Problem des von Leibniz und Voltaire verspotteten geistlichen Philantrophen. Gerade war wieder die Achse gebrochen. Im Herbst 1794, nach der Niederlage der Österreicher in Belgien, waren die Truppen der Französischen Revolution in Köln, Bonn, Koblenz eingezogen, in Polen erlag der todesmutige Kosciuszko russischer Übermacht. Im April 1795 schloß Preußen in Basel „Frieden" mit Frankreich, der dem Sieger das linke Rheinufer überließ. Nach im

Januar vorausgegangenem österreichisch-russischen Geheimvertrag wurde im Oktober 1795 Polen endgültig aufgeteilt: ein Unrecht wurde in Kraft gesetzt, dessen verhängnisvolle Auswirkungen bisher nicht überwunden werden konnten, so wenig wie der auf Prag lastende Fluch. Obwohl ja nur Preußen aus dem Kampfe geschieden war, nicht Österreich und das Reich, so regte sich doch die Hoffnung, daß der Krieg mit der Revolution zu Ende gehe. Der Sturz Robespierres (Juli 1794) schien sie zu erlauben. In Wahrheit konnte die Problematik als Friedensschlüsse bezeichneter politischer Verträge nicht krasser erscheinen als im Jahre 1795: schon im September verbündeten sich Österreich, England, Rußland zum erneuten Kampf gegen die Revolution.

Inmitten dieser Vorgänge, am 13. August 1795, schrieb Kant an seinen Verleger Friedrich Nicolovius in einem einzigen Satz: wenn er zur Michaelismesse eine Abhandlung von etwa fünf Bogen, deren Manuskript vor nächster Woche eingehe, zu einem Honorar von 10 Reichstalern für den Bogen fertigstellen könne, so solle er im Meßkatalog unter der Rubrik fertiger Schriften folgendes setzen: „Zum ewigen Frieden. Ein philosophischer Entwurf von Immanuel Kant."

Wir können es uns nicht versagen, ein wenig im Briefwechsel dieses Jahres zu blättern, um mit dem geschichtlichen das menschliche Klima zu spüren, aus dem die Schrift kam. Am Tage darauf, indem der Philosoph für „ein vortreffliches Werk": „Der vernünftige Glaube" dankt, erwähnt er „bedeutender und vielvermögender Winke", die ihm vor einem Jahre gegeben worden seien, und die, was ihn angehe, aller Schriftstellerei dieser, also religiös-philosophischer Art, ein Ende machen: er steht im gespanntesten Verhältnis zur Obrigkeit, der er seinen wichtigsten Dienst erweist. Im Oktober 1794 hat ihm der Kultusminister Friedrich Wilhelms II. bei Androhung höchster Ungnade Seiner Majestät verboten, weiterhin seine Philosophie zur Entstellung und Herabwürdigung des Christentums zu mißbrauchen. – Wenige Tage darauf schreiben die vier Kinder seines Bruders aus Altrhaden: sie werden wohl nie das Glück haben ihn kennenzulernen und ihm die Hand zu küssen, er möge erlauben, daß sie sich einmal schriftlich an ihn „anschmiegen", den Bruder ihres Vaters und berühmten Mann, den sie mit innerem Stolze verehren und von dem sie geliebt sein möchten. „Bei dem allem bleiben Sie uns doch immer abwesend, immer entfernt." Sie wagen zu bitten um ein Geschenk, einen Gegenstand, der ihre Vorstellung belebt, eine Locke von seinen ehrwürdigen grauen Haaren. Sie werden diese in einen Ring fassen und dann sich einbilden, sie hätten ihren Onkel bei sich. – Und wieder: sein Berliner Freund Johann Gottfried Carl Kiesewetter, dem er Korrekturen anzuvertrauen pflegte, hat ihn im vorigen Jahre mit Teltower Rübchen so verwöhnt, daß die ostpreußischen seinem Gaumen nicht mehr behagen wollen. Kant bittet um einen Scheffel dieses Hausbedarfs an die Adresse des Kaufmanns Jacobi gegen Erstattung der Kosten, denn es wäre unbescheiden, die Höflichkeit zur Gewohnheit werden zu lassen. Inzwischen wird ja wohl Kiesewetter seine Rêveries „zum ewigen Frieden“ von Nicolovius bekommen. – Der Freund kündigt nach ein paar Wochen die Rübchen an, zugleich dankt er für die Schrift, die er verschlungen hat und deren „Offenheit“ ihn entzückte. Aber sie wird nicht überall die gleiche Aufnahme finden: Herr Genz wird wohl dagegen schreiben, auch ein gewisser privatisierender Professor Meyer, der eine kleine Pension vom Hofe bezieht ... Auch der Verfasser der bedeutendsten Schrift über den Frieden, der keineswegs ein Vereinfacher des Geschichtlichen oder unbedingter Gegner des Krieges ist, steht einsam, zwischen Kirche und Staat, verdächtig, bedroht: Widerruf und Verleugnung, notiert er im Entwurf seines Rechtfertigungsschreibens an den König, sei „niederträchtig“. Schweigen ist im gegenwärtigen Falle Untertanspflicht. Er schwieg fortan über die Religion. Man wird die Friedensschrift von diesen Vorgängen her betrachten müssen. Und doch, bei äußerster Klugheit der Ironie, welche Offenheit grundlegender Überzeugung von Staat und Politik!

Kants Forderungen sind bekannt: Friede wäre nur dann geschlossen, wenn die Anlässe zu künftigen Kriegen, bekannte wie unbekannte, *vernichtet* wären. Wo die Ehre des Staates in der Vergrößerung der Macht gesehen wird, ist ein Friedensschluß überhaupt nicht möglich. Der Staat muß als eine „moralische Person“ angesehen werden, also wie ein Mensch, in der Würde seiner Freiheit: er kann nicht verhandelt, vertauscht, verkauft werden, und ebenso steht es mit den Landeskindern, den Truppen. Stehende Heere sollen langsam abgebaut werden; das Recht auf freiwillige periodische Waffenübungen zur Verteidigung wird anerkannt. Dem modernen Kreditsystem, das den Staaten die Aufhäufung einer „gefährlichen Geldmacht“, nämlich eines „Schatzes zum Kriegführen“, ermöglicht, ist durch geeignete Verbote entgegenzuwirken. Einmischung in die inneren Angelegenheiten eines anderen Staates ist nicht erlaubt, auch dann nicht, „wenn ein Staat sich durch innere Verunreinigung in zwei Teile spaltete, deren jeder für sich einen besonderen Staat vorstellt, der auf das Ganze Anspruch macht“. Solange nämlich dieser innere Streit nicht entschieden ist, würde die Einmischung

„Verletzung der Rechte eines nur mit seiner inneren Krankheit ringenden Volkes“ sein, wobei freilich angenommen wird, daß dieses Volk „von keinem anderen abhängig sei“; wir sind ja noch im Jahre 1795. Vielleicht aber die wichtigste Erkenntnis schließt sich der Forderung an, daß, wenn es doch zum Kriege gekommen ist, in diesem nichts unternommen werden darf, das im künftigen Frieden wechselseitiges Zutrauen unmöglich macht. „Denn“, fährt Kant fort, „irgendein Vertrauen auf die Denkungsart des Feindes muß mitten im Kriege noch übrigbleiben, weil sonst auch kein Friede abgeschlossen werden könnte, und die Feindseligkeit in einen Ausrottungskrieg (bellum internecinum) ausschlagen würde.“ Der Ewige Friede wäre dann zu finden auf dem großen Kirchhof der Menschengattung: Kant weist damit noch einmal auf das Schild eines holländischen Gastwirts, das er zu Beginn in seinem Friedenstor aufgehängt hat: es zeigt einen Kirchhof mit der Inschrift, die er zum Titel seiner Friedensschrift erwählt hat. Der Titel steht also über Gräbern. (Welche Ironie des Leidens an Mensch und Menschheit!) Das also wäre Friede, auch im Jahre der Friedensschlüsse und Verträge, 1795, die wohl nicht einer einzigen dieser Forderungen Rechnung tragen. Alles, was Kant im folgenden ausführt über die Errichtung eines Friedensbundes der Völker – nur moralische Personen können ein Bündnis schließen, nur Menschen sich die Hand reichen, unpersonale Staaten schließen Verträge, die sie morgen brechen werden, der Bund aber hat das Ziel, „alle Kriege auf immer zu endigen“; über die den Bund tragende „republikanische Verfassung“, das heißt die größtmögliche Mitverantwortung und Beteiligung der Untertanen an der Regierung und weiter über das allen Menschen zustehende Besuchsrecht, das auf dem Recht „des gemeinschaftlichen Besitzes der Oberfläche der Erde“ ruht: all das, wie die folgenden Zusätze über die Garantien des Friedens, hängt also hinsichtlich seines Vollzugs von der gelassen ausgesprochenen Voraussetzung ab: daß irgendein Vertrauen auf die Denkungsart des Feindes auch im Kriege übriggeblieben sei. Wo dies nicht der Fall ist, hat auch Kant nichts zu raten, es sei denn unter Beherzigung seiner Einsichten, in Ernst und Wahrhaftigkeit, in Glaubwürdigkeit die Stiftung neuen Vertrauens anzustreben – nachdem der Krieg nichts übriggelassen hat, was dazu berechtigen könnte. – Ohne eine Art von Großmut und Verzicht, die Überantwortung eines Rechtes in die Hand des Gegners, wird das nicht zu bewirken sein.

Humboldt bemerkte enttäuscht, Kants Schrift enthalte „keine einzige neue Idee“. Es ist möglich, daß an wegweisenden, konstruktiven Gedanken in dieser Sache schon damals nichts Neues zu erbringen war (wieviel weniger heute); anders mag es stehen mit Erkenntnissen und Formulierungen: etwa der Gefährlichkeit der modernen Geldwirtschaft oder der im Kriege aufgekommenen „höllischen Künste“, die „sich nicht lange innerhalb der Grenze des Krieges halten“, sondern auch in den „Friedenszustand übergehen und so die Absichten desselben gänzlich vernichten würden“. Nicht viele werden die heraufziehende Zeit so deutlich gesehen haben wie der Weltweise im Schatten höchster Ungnade, der sich übrigens, drei Jahre darauf, nach dem Tode des Königs, doch die Rache gönnte, jenes ministerielle Edikt zu veröffentlichen (1798).

Das Einzigartige der Schrift Kants beruht aber darin, daß sie die schärfste Ansicht der empirischen Geschichte und Politik mit erhabener Moralität verbindet. Das „Ist“ und das „Soll“ sind mit derselben Unbestechlichkeit ausgedrückt. Er gestattet sich nicht die mindeste Idealisierung. Die „Bösartigkeit der menschlichen Natur“ läßt sich „im freien Verhältnis der Völker unverhohlen blicken“. Friedenszustand ist kein Naturzustand, vielmehr ist dies der Krieg oder mindestens die immerwährende Bedrohung durch ihn. Schon durch ihr Nebeneinander „lädieren“ sich Völker im Naturzustande, genau wie einzelne Menschen. Es ist damit zu rechnen, daß „selbst ein Weltteil, wenn er sich einem andern, der ihm übrigens nicht im Wege ist, überlegen fühlt“, das Mittel der Verstärkung seiner Macht durch Beraubung oder Beherrschung nicht unbenutzt lassen wird, daß also der Kampf der Weltteile begänne, auch wenn sie einander nicht im Wege sind, weil ja eben „nach aufgeklärten Begriffen“ die Ehre des Staates in ständige Steigerung der Macht gesetzt wird. Der Krieg ist von der Natur – Kant gebraucht ausdrücklich dieses Wort statt „Vorsehung“, um sich keinen „ikarischen Flügel“ anzusetzen, also in der Geschichtsdeutung nicht abzustürzen –, instituiert; er hat dazu gedient, die Menschen vom Eismeer bis Feuerland über die Erde zu verteilen. Der Krieg bedarf keines besonderen Beweggrundes, er „scheint auf die menschliche Natur gepfropft zu sein und sogar als etwas Edles“ ... so daß „nicht bloß, *wenn* Krieg ist (wie billig), sondern auch *daß* Krieg sei, von unmittelbarem großem Wert zu sein geurteilt wird“ ... es wird also in den Krieg eine „innere Würde“ gesetzt. So eben hat es die Natur eingerichtet, ungeachtet des Ausspruchs der Griechen: „Der Krieg ist darin schlimm, daß er mehr böse Leute macht, als deren wegnimmt.“ Und Kant selbst ist der Meinung, daß man nach einem jeden Kriege einen Bußtag ausschreiben soll, um Gnade für die große Versündigung anzurufen, und daß religiöse Siegesfeste mit der moralischen Idee des Vaters der Menschen nicht zu vereinen sind.

So wird in ständiger Entsprechung auf zwei Ebenen geforscht, gedacht. Kant rechnet gar nicht damit, daß der *weltkundige* Staatsmann (das ist wieder verhüllte Ironie) sich an die Lehren eines Philosophen halte – darauf beruht ja seine Freiheit, die eine Art Narrenfreiheit ist: wenn er dem Staate gar nicht gefährlich werden kann, so kann er auch sagen, was er denkt. Hugo Grotius, Pufendorf und andere Staatsrechtslehrer werden „immer treuherzig zur Rechtfertigung eines Kriegsangriffs angeführt, ohne daß es ein Beispiel gibt, daß jemals ein Staat durch mit Zeugnissen so wichtiger Männer bewaffnete Argumente wäre bewogen worden, von seinem Vorhaben abzustehen". Aber nun nimmt der Philosoph Staatsmänner und Völker beim Wort: diese Huldigung, die der Staat dem Rechtsbegriff erweist – wenigstens den Worten nach, wie Kant in Klammer hinzufügt, beweist doch, daß eine zur Zeit zwar schlummernde, doch größere moralische Anlage im Menschen sei. Auf ihr gründet eine nicht zu leugnende Gemeinschaft: eine an einem Platz der Erde geschehene Rechtsverletzung wird von allen gefühlt. Durch die Zwietracht der Menschen, wider ihren Willen, gleichsam als Nötigung, als Schicksal, läßt die „Natur" Eintracht emporkommen; gerade die Verschiedenheiten der Sprache, Religionen ermöglichen, tragen Bindungen; nur Entschiedenes und Festes kann ja verbunden werden. Die Moral, das Trachten nach dem Reiche der reinen praktischen Vernunft, der Gerechtigkeit hat das Eigentümliche, daß sie, gerade durch die Lösung vom Vorteil des Einzelnen zur Vereinigung des Willens aller führt und damit zum Wohl. Dies gilt selbst im schlimmsten und doch sehr wahrscheinlichen Falle: für ein „Volk von Teufeln". Der politische Moralist fertigt sich eine pragmatische Moral als Werkzeug seiner Politik; der moralische Politiker strebt, Staatsklugheit und Moral zu vereinen. Das geschieht zur Stunde keineswegs. Aber die Möglichkeit ist doch im Menschen angelegt. Der moralische Politiker kann, muß, auf der zu erstrebenden Höhe moralisch-geschichtlichen Bewußtseins, Staatsmann werden. Mit größter Bestimmtheit äußert sich dieser Glaube: „das moralische Prinzip im Menschen erlischt nie". Die auf den Vollzug des Rechts gerichtete Vernunft wächst. „Der Grenzgott der Moral weicht nicht dem Jupiter (dem Grenzgott der Gewalt)." Das Recht des Menschen muß heilig gehalten werden, mag das der herrschenden Gewalt noch so große Opfer kosten. „Man kann hier nicht halbieren und das Mittelding eines pragmatisch-bedingten Rechts (zwischen Recht und Nutzen) aussinnen, sondern alle Politik muß ihre Knie beugen vor dem ersteren, kann aber dann hoffen, obzwar langsam, zu der Stufe zu gelangen, wo sie beharrlich glänzen wird."

Damit ist eine geistig-sittliche Entscheidung postuliert, für jetzt, für das Friedensjahr 1795, in dem Polen vom Bären und dem zwei- und einköpfigen Adler zerfleischt und verschlungen wurde. Aber nur im Sinne einer „ins Unendliche fortschreitenden Annäherung" ist die Auswirkung erhofft, die tatsächliche Herstellung öffentlichen Rechts, der Advent des Ewigen Friedens, der die sogenannten Friedensschlüsse, die Waffenstillstände zwischen Lügnern sind, ablösen soll.

Ein Jahr später ließ es sich Kant nicht nehmen, Angriffen zum Trotz und ohne den Wert geistigen Kampfes zu verkennen, wenigstens den Abschluß Ewigen Friedens in der Philosophie anzukündigen: er sollte dann schon, und zwar ohne Kapitulation, geschlossen sein, wenn man sich nur versteht. Und dann tritt er aus seiner humanen Skepsis heraus, um auf das einfachste zu sagen, was den Frieden stört und worauf er ruht: Die Lüge, die er ausdrücklich vom „Vater der Lügen" ableitet, „durch den alles Böse in die Welt gekommen ist" –; sie ist „der faule Fleck in der menschlichen Natur". – „Das Gebot: Du sollst nicht lügen, zum Grundsatz in die Philosophie als eine Weisheitslehre innigst aufgenommen, würde allein den Ewigen Frieden in ihr nicht nur bewirken, sondern auch in alle Zukunft sichern können." Wahrheit und Friede also sind eins: Wahrheit, die als Wahrhaftigkeit vollzogen und damit glaubwürdig wird. Sie ist etwas anderes als Übereinstimmung: ist nicht „Kapitulation"; sie ist Friede. Sollte dieses Wort in der geistigen Welt gelten und in der politisch-geschichtlichen nicht? Aber es gilt ja weder in der einen noch in der andern. Es ist nicht in Kraft.

Christliche Not

Kant hatte die Herstellung Ewigen Friedens aus der praktischen Vernunft, den Maximen allgemein gültiger Sittlichkeit als eine nach und nach aufzulösende „Aufgabe“, nicht „leere Idee“, gefolgert. Er hatte dabei die „Kugelfläche der Erde“ vor Augen, auf der sich endlich doch alle nebeneinander dulden müssen, wo keiner ursprünglich mehr Recht hat, am Orte zu sein, als ein anderer. Ihm gereicht es zur Ehre, daß er die Verbrechen in den „Negerländern“ – Negerfang und -handel –, woran etwa Nettelbeck in seiner Jugend auf das naivste teilgenommen hat, brandmarkte, diesen furchtbaren Makel einer Zeit hoher Kultur, die ihn sich eben so selten zu Herzen nahm wie etwa die Kinderarbeit in Spinnereien und Fabriken. Geistlicher Waffen aus christlichem Glaubensgut bediente Kant sich nicht. Und damit hat es in der Tat eine besondere, eine fast tragische Bewandtnis. Im Widerspruch zu den ersten zwei Jahrhunderten, mindestens aber seit die Kirche sich in die konstantinische Gefangenschaft gegeben hat – was wohl unabwendbar war –, lehrte sie, daß es gerechte Gründe für einen Krieg gebe; daß es erlaubt, ja sogar Pflicht sei, in einem gerechten Kriege zu töten. Todsünde aber ist es, in einem ungerechten Krieg zu kämpfen. Augustin, Thomas von Aquin, Cajetan, Luther, Franz von Vitoria haben diese Lehre aufgestellt und ausgebaut. Mit besonderer Eindringlichkeit hat der letzte, der als der größte spanische Jurist gilt, seinen Studenten eingeschärft, daß Untertanen, deren Gewissen gegen die Gerechtigkeit eines Krieges Einwände hat, an ihm nicht teilnehmen dürfen, auch wenn sie mit ihrer persönlichen Überzeugung im Unrecht sein sollten. Auch das irrende Gewissen verpflichtet. – Die Lehre vom gerechten Krieg scheint, bei aller Kompliziertheit der Konstruktionen, ein unerschütterliches Gebäude zu sein. Wohl hat es nicht an ernsten einzelnen Theologen und Laien gefehlt, die die Ächtung des Krieges forderten. Aber nicht allein die im ganzen doch feste Kontinuität der Lehre christlicher Bekenntnisse macht es unwahrscheinlich, daß ein solcher Spruch gefällt wird; auch die für die Kirche zu erwartenden, nicht absehbaren Folgen halten ihn auf: er wäre eine Herausforderung sondergleichen an Wesen und Gefüge des Staates und der modernen Wirtschaft. Er würde voraussichtlich bedeuten, daß die Christenheit sich als Sebastian Francks kleiner „Rest" der Verfolgung überließe. An Breite des Daseins würde die Kirche also größte Verluste erleiden, wahrscheinlich aber nicht an Intensität der Verkündung, Tiefgang, Glaubwürdigkeit, im Gegenteil. Ihre Gestalt würde sich dann verändern; sie würde den Charakter des Reiches verlieren und zum reinen Zeichen werden, was sie ja einmal war.

Franz von Assisi stellte die Kirche vor das Problem, als er in seinem Brief an alle Gläubigen die uneingeschränkte Beobachtung des Evangeliums auch von dem in der Welt lebenden forderte. (Augustin Gemelli: Das Franziskanertum. 1936.) Er verbot zu schwören, Waffen zu tragen, öffentliche Ämter anzunehmen – sprach also jene Verbote aus, die wieder und wieder laut wurden in Südfrankreich, Holland und Friesland, Böhmen und Polen und Rußland und die Unruhe des christlichen Gewissens verraten. Die dem Heiligen verpflichteten Tertiaren waren somit auch dem Lehnsverhältnis gegenüber einem Herrn oder einer Stadt enthoben – und dadurch der Verfolgung weltlicher Mächte ausgeliefert. Honorius III. nahm sie in Schutz und erklärte sie für befreit vom Kriegsdienst, Gregor IX. (1227–1241) löste sie auch aus der Steuerpflicht, aus jedem weltlichen Gehorsam, indem er sie ganz der Kirche unterstellte. Kaiser Friedrich II. und sein Kanzler spürten die der Staatsmacht drohende Gefahr, die, falls die franziskanische Idee sich mit der Schnelligkeit des Aufbruchs weiterhin ausbreitete, in der Tat nicht abzusehen war. Aber bald widerrief Gregor IX.: er erlaubte den Schwur zur Herstellung des Friedens, zur Bewahrung des Glaubens, zur Selbstverteidigung und Zeugenerklärung. Schon Ende des dreizehnten Jahrhunderts hob Papst Nicolaus IV. das Waffenverbot unter bestimmten Voraussetzungen auf. In der ganzen Frage handelt es sich nicht allein um die Not des einzelnen Christen, sondern um eine echte Not der Kirche: allein schon die Künstlichkeit und Widersprüchlichkeit der den Krieg behandelnden Moraltheologie, ihre zum Teil kläglichen Ausflüchte und Erschleichnisse, verraten eine unüberwindliche Schwierigkeit. Der Ernst, die Wahrhaftigkeit der kirchlichen Friedensermahnungen, die in ihnen sich aussprechende Sorge um die Menschheit sind nicht anzuzweifeln. Die Aussicht auf Wirkung ist aber gering; denn die geschichtliche Haltung der Christenheit wird als abschwächender Widerspruch empfunden. Vor der streng durchgedachten Lehre von der Christenheit als dem mystischen Leibe Christi ist ein Kampf der Christen mit Christen unvertretbar[19]. Ein solcher wird sich aber in einem jeden größeren Konflikt abspielen. Praktisch hat die Lehre von der Erlaubtheit eines gerechten Krieges die eine Folge: daß die Staaten, ohne auf religiösen Widerstand ihrer Untertanen zu stoßen, sich bewaffnen und für den Krieg bereit sein können. Weitere Folgen – ins Sittliche hinüber – hat sie für die Öffentlichkeit nicht. Denn bei Ausbruch eines Krieges wird ja schwerlich von der Kirche darüber entschieden werden, ob er gerecht oder ungerecht ist; das geschieht höchstens, nachdem die Entscheidung gefallen ist. Viel eher werden zu Beginn die kirchlichen Autoritäten auf beiden Seiten die Sache der Völker, in denen sie beamtet sind, für gerecht erklären. Wir brauchten nur die Predigten aufzuschlagen, die im August 1914 in aller Welt gehalten wurden. Also muß sich der einzelne in der Stunde der Katastrophe die Frage beantworten, die Pater Vitoria zur Zeit Karls V. seinen Studenten ans Herz legte. Wie aber soll das geschehen in Ansehung der völligen Durchgiftung des Nachrichten- und Propagandawesens bei einem Kriegsausbruch? Die Lehre vom gerechten Krieg muß vernünftigerweise einen Angriff gestatten: dann nämlich, wenn die feindliche Absicht des Gegners, seine für Aggression bestimmten Rüstungen, erkennbar werden. Darüber aber sich ein Urteil zu bilden ist dem einzelnen Staatsbürger meist unmöglich.

Der Christ hat also nur sich selbst, sein Gewissen. Diesem aber werden die Prämissen gar nicht geliefert, nach denen es entscheiden könnte. Aber hat er denn nun wenigstens ein klares Gesetz? Bis heute ist sich die Christenheit nicht darüber einig geworden, welchen Geltungsbereich das fünfte Gebot hat. Die Meinung ist doch durchaus vertretbar, daß es überhaupt nicht abgegrenzt werden kann. Und mit dem Verbot zu schwören steht es doch nicht anders. Wer fühlt das nicht bei gewissen Anlässen, etwa der Vereidigung der Schweizer Garde! Selbst aber, wenn eine Einschränkung oder Überschreitung gerechtfertigt werden könnte, so ist doch das Gebot der Nächstenliebe und Feindesliebe von weit schwererem Gewicht, weil es eben nicht ein Nein ist, sondern ein Auftrag, Vollzug christlichen Lebens. Wenn nun ein Christ das fünfte Gebot und das Gebot der Liebe absolut nimmt, uneingeschränkt, was soll er dann tun? Er weiß wohl: genügen kann er dem Gebot nicht. Aber verleugnen kann er es auch nicht. Das Nicht-Genügen-Können legt ihm menschliche Begrenztheit auf: das Verleugnen des Gebotes aber, so wie er es versteht, so wie es der Herr und die ihm Nachgefolgten ihm vorgelebt haben, wäre Sünde. Es ist von eigentümlicher Bedeu-

---

19 Johannes Fleischer: Das fünfte Gebot. Donaueschingen 1955.

tung, daß ein Teil der Konzilsväter des Vatikanischen Konzils (1870) den Antrag stellte: das Konzil möge alle Kriege der modernen Staaten für moralwidrig erklären und das Konzil möge den Geltungsbereich des fünften Gebotes festlegen. Es war offenbar ein für den Kriegsdämon gefährlicher Augenblick und höchste Zeit, daß er die Emser Depesche auf den Weg brachte, die die Einheit des Konzils zerbrach. Der Antrag wurde nicht mehr aufgenommen[20].

Nun haben Christen fast zweier Jahrtausende miteinander gekämpft und Kriege gegen Andersgläubige geführt. Sie haben das für Recht und Pflicht und Ehre gehalten, waren guten Glaubens, wurden darin von ihren Oberhirten getröstet und befestigt. Oder sie sahen in solchem Streite die tragische Notwendigkeit geschichtlichen Daseins und versuchten später in Bußgesinnung und guten Werken ihr Gewissen zu beschwichtigen; so konnte es etwa D. João I. von Portugal (1385–1433), der Gründer der bedeutenden Dynastie Avis, nicht verwinden, daß er Christenblut vergossen hatte. Wir haben kein Recht, über ferne Zeiten zu urteilen. Das Christentum ist ja Freiheit. Aber diese Freiheit ermächtigt auch zum Widerspruch. Die lebendige Wahrheit ist über jeder Autorität: im Religiösen als Gegenwart des Herrn, als das Aug in Auge, in das keine Instanz sich einmischen kann, im rein Sittlichen nicht minder als Achtung und Ehrfurcht vor der Einheit allen Lebens, die nationalen Bindungen übergeordnet ist. Die Entscheidung ist rein personal. Sie kann nicht zum Urteil über eine entgegengesetzte Entscheidung erheben.

Im Hohen Wallis, am Fronleichnamstage, geleiten die Bauern mit geschulterten Gewehren das Allerheiligste über ihre Felder, die steilen Hänge hinauf, an den Kapellen der Sieben Schmerzen vorüber und zurück in die Kirche. Voraus gehen Sappeure in der Uniform der napoleonischen Zeit mit blanken Äxten, die bekränzten Kinder, Körbchen voll künstlicher Trauben tragend – der klare starke Wein, der in großer Höhe gedeiht, ist ja Gottes Geschenk an das karge Land –, die würdig geschmückten Frauen. Von allen Bergen krachen Schüsse. Unter der Ehre ihrer Waffen und ihrer Fahne, in bewundernswerter Ordnung betreten die Männer die Kirche, verteilen sich um den Altar: Ehrenwache ihres Heilands. Wenn der Herr unter den Worten des Priesters auf den Altar herniedersteigt, tritt der Fahnenträger vor, ihn mit gesenktem Banner zu grüßen. Die Trommeln rauschen. – Es wäre Frevel, in diese vom Volke gedichtete Handlung zum Ruhm seines Gottes, seiner Heimat, seines Erbes

---

[20] Josef Fleischer: Die Kriegsdienstverweigerung. 1949.

und seiner Art die oben angeschlagene Problematik zu tragen. Hier ist vollkommene Ordnung, die Einheit der religiösen und geschichtlichen Existenz; noch ist kein Riß sichtbar zwischen beiden. Hier ist reiner Glaube, einer der unbegrenzten Aspekte des Christentums – freilich in ergreifender, vereinsamender Ferne von der Ära.

Solche Ordnung steht bis heute unter dem Segen des heiligen Eidgenossen Nikolaus von der Flüe, der als Bauer wie ein jeder unter der Waffe gedient hatte, dann aber in Gebet, Buße und Selbstheiligung zum Schieds- und Friedenssprecher wurde und, abwesend in seiner Klause, durch sein überbrachtes Wort, in der Stunde, da Entzweiung drohte, Friede unter den Eidgenossen stiftete (Stans, 1481). Und als ihm die Berner für diesen Dienst dankten, schrieb er ihnen: „Fried ist allweg in Gott, denn Gott ist der Fried, und Fried mag nicht zerstört werden, Unfried aber würde zerstört ... Den offenen Sünden soll man wehren und der Gerechtigkeit allweg beistehen. Ihr sollt auch das Leiden Gottes in euren Herzen tragen ...“ Das ist die Ordnung, die Segen erwarb.

Um die Mitte des vierten Jahrhunderts, als Julian der Abtrünnige sein Heer gegen die über den Rhein hervorgebrochenen Franken und Alemannen geführt hatte und im Lager vor Worms vor der erwarteten Schlacht eine Geldspende verteilen ließ, weigerte sich Martinus, ein Offizier der Reiterei, sie anzunehmen. „Bis heute“, sprach er zum Kaiser, „habe ich dir gedient, erlaube mir, daß ich jetzt Gott diene. Ich bin Soldat Christi. Es ist mir nicht erlaubt, zu kämpfen.“ Julian warf ihm Feigheit vor. „Wenn du in der Feigheit, nicht im Glauben, den Grund meiner Weigerung siehst, dann will ich mich morgen unbewaffnet vor der Schlachtreihe aufstellen, und im Namen des Herrn Jesus, mit dem Zeichen des Kreuzes, ohne Schild und Helm, furchtlos in die Reihen der Feinde dringen.“ Der Cäsar ließ ihn ins Gefängnis werfen und gebot, ihn am andern Tag schutzlos gegen die Barbaren zu senden. Aber es kam nicht zur Schlacht. Die Feinde baten um Frieden, damit nicht, wie der Jünger des heiligen Martin schreibt, „durch den Tod anderer die Augen des Heiligen beleidigt würden ... Denn keinen andern Sieg durfte Christus seinem Soldaten schenken als die Unterwerfung der Feinde ohne Blutvergießen.“

Hier, vielleicht zum letzen Mal, erscheint die altchristliche Haltung, ohne Zweifel eine echt christliche, die nicht abgelehnt werden kann. Der Widerspruch aber, aus dem Martin von Tours sich löste, indem er seinen Stand aufgab und den mönchischen wählte, kann überhaupt nicht aufgehoben werden. Er ist der christlich-geschichtlichen Existenz wesenseigen, ist eben eine Erscheinungsform des

Kreuzes auf Erden, und es ist nicht wohlgetan, das zu verschleiern und zu verlangen, daß mit dogmatischem Ja oder Nein diese schmerzlichste aller Freiheiten vernichtet werde. Ein Blick für diese Not, ein menschlich-mitfühlender, ein wissendes Wort der Seelenhirten wäre freilich zu wünschen. Es ist wirklich nicht möglich und durchaus unpriesterlich und unreligiös, ja es ist unmenschlich, die hier pragmatische Friedenspropaganda oder auftretenden Konflikte zurückzuführen auf Sentimentalität oder auf Feigheit; es geht ja nicht um das Getötetwerden, sondern das Töten, und es gehört ohne Zweifel mehr Mut dazu, dieser Unmöglichkeit einsam sich zu stellen, als in der Reihe zu gehorchen.

Aber – das ist die kennzeichnende Situation – eine wirkliche Befreiung bedeutet in der modernen Welt auch die Weigerung nicht. Es ist für das feinere Gewissen kaum mehr ein Unterschied, ob wir direkt oder indirekt töten. Dem Widerstrebenden werden Dienste aufgenötigt, die dem Kriege zugute kommen. Er rettet Verwundete, pflegt sie gesund für den Kampf. Noch im Gefängnis setzt er, allein durch sein Dasein, die Existenz eines tötungsbereiten Staates voraus, weshalb ja auch Hitler erklärte, daß die Kriegsdienstverweigerer „im Sinne einer höheren Gerechtigkeit“ in den Gefängnissen verhungern müßten, da sie ja an dem kämpfenden Erwerb der nötigen Nahrungsmittel nicht teilnehmen wollten (F. v. Hippel: Die Perversion von Rechtsordnungen, 1955). Der sich Weigernde hat keinerlei Grund, sich unschuldig zu fühlen; er bleibt vielmehr im Zusammenhang einander mordender Menschen und wird mit ihnen, mit dem Ganzen seiner Zeit vor Gott gelangen. Er hat nichts als diese seine arme Notwendigkeit und Unmöglichkeit; einen Protest, der ihm Schande bringt, nichts als diese innere Nötigung, vom Töten sich so weit zu entfernen, als er eben vermag, und damit seine Überzeugung zu bekennen, also zu handeln, wie ein jeder sollte und wie es die andern auch tun, die überzeugt sind, zur Verteidigung berufen zu sein. Der Unterschied liegt nur in den Prämissen, in der Beschaffenheit des Gewissens, im Verhältnis zu Gott, zur Sittlichkeit. Auch wird der sich Weigernde kaum mit der Frage fertig werden, ob er der nächsten Gemeinschaft, der Familie, dem Volk, dem Kulturzusammenhang nicht Unrecht oder Schaden zufügt, indem er sich entzieht und das Beispiel solchen Entzugs gibt. Gewiß: er kann in einer höheren Ordnung, der er sich verpflichtet glaubt, diese Frage entscheiden. Aber er muß sie durchlitten haben.

Am 3. Juni 1940 schrieb Dr. Hermann Stöhr, Gründer des „Deutschen Versöhnungsbundes“, an eine Verwandte aus dem Gefängnis: „Um eine Weltordnung aufzurichten, die auf die Liebe sich gründet, müssen jene, die an dieses Grundgesetz glauben, es selbst völlig annehmen. Sie müssen die Folgen auf sich nehmen, die sich in einer Welt ergeben, welche diese Ordnungen noch nicht anerkennt. Deshalb ist es uns Christen verboten, Krieg zu führen." Hermann Stöhr starb am 21. Juni. Er steht hier für eine große Schar, einen Bauernsohn aus dem Sudetenland, einen Bauern aus Tirol, Zeugen Jehovas, Pfarrer Max Josef Metzger, für Unzählige auf allen Seiten, von denen wir nichts wissen. Etwas ist im Menschen, das ihm verbietet zu töten: etwas, das im strengen Sinne Kants den Ewigen Frieden will – schon jetzt, nicht erst in der von Kant erhofften Zukunft. Es ist der tiefste Widerspruch zwischen dem einzelnen und der Geschichtswelt. Im Innersten des Menschen ist der Friede gegrundfestet. „Denn Gott ist der Friede, und Friede mag nicht zerstört werden", weil er eben Gott ist. Es ist das Göttliche im Menschen, das den Frieden will. Wohl würde Gerechtigkeit Frieden schaffen. Aber oft ist sie schwer zu erkennen, und oft findet sie ihre Sprecher nicht. Sobald der Sturm anbricht, steht der Friedfertige vor einem stummen Tribunal. Er hat nur seinen Frieden und seine Not.

Aber wo ist die Anerkennung der Weltordnung verheißen, für die der edle Hermann Stöhr gestorben ist? Etwa im Evangelium? Das ist der Traum der Alten Welt, Rückerinnerung Ovids, Sehnsucht der Propheten, Hoffnung des Humanismus und Idealismus, der humanistischen Pazifisten. Der Christ weiß, daß Volk wider Volk, Reich wider Reich aufstehen werden; daß der Krieg nicht aufgehoben wird (Matth. 24,7). Das ist aber nur der „Anfang der Nöte". „Alle Völker" werden die Jünger hassen, die Ungerechtigkeit wird überhandnehmen (24,12). Der Bruder wird den Bruder überliefern, der Vater den Sohn (Markus 13,12). Mit der vollendeten Zwietracht der Reiche und Völker wird sich unter der Predigt falscher Propheten und der von ihnen vollbrachten ‚Zeichen und Wunder' (Markus 13,22) die religiöse Verwirrung vollenden, um, wo möglich, auch die Auserwählten zu verführen. Ist das möglich? Ist es das nicht? – Aber was bleibt? „Habet aber acht auf euch selbst" (Markus 13,8). Wohl muß das Evangelium vor dem Ende allen Völkern gepredigt worden sein. Aber es ist nicht gesagt, daß sie es annehmen, sondern daß alle Völker seine Träger hassen. Ausharrend werden die letzten Christen selig werden. Nicht sie selbst werden sich vor ihren Peinigern verantworten: sondern der Geist wird aus ihnen reden.

Der Christ ist also im Streit für den Frieden in einer tragischen Situation. Der Humanist, Pazifist, Idealist, der Mann der sittlichen Vernunft, der Verkünder der Heiligkeit des Lebens können sich und denen, die ihnen folgen, eine Hoffnung machen, sogar eine starke, eine heroische Hoffnung nach Maßgabe ihrer Kraft und ihrer Liebe, ihres Glaubens an den Menschen und das Recht, der es einfach nicht zuläßt, daß die Ungerechtigkeit überhandnehmen könne. Auch Kant schloß seine Schrift mit dem Ausblick, daß die Zeiten, in denen gleiche Fortschritte geschehen, hoffentlich immer kürzer werden, wenn er auch diesen vorsichtigen Satz in vorsichtige Klammern setzte. Vielleicht kann sich der Christ trösten mit der Hoffnung auf das Tausendjährige Reich (wenn es nicht, wie einige glaubten, schon dagewesen ist). Aber das Ende bedeutet Gewißheit, Seligkeit einiger Weniger unter äußerster Drangsal. Die Hoffnung ist: daß diese für alle stehn, daß ihr Gebet, ihr Opfer für alle nicht verworfen wird. Der Christ soll die Feinde lieben, Christus in jedem Hungernden, Dürstenden, Gefangenen empfangen; als Friedfertiger wird er Kind des Vaters genannt werden, als Sanftmütiger das Erdreich besitzen: er kann in der Stille überall sein; wo er ist, da ist das Reich, das Reich ist ja in ihm. Aber die Trauer um die Welt verläßt ihn nicht, sowenig wie die himmlische Schwermut des „Komme bald". Eine jede Zeit trägt apokalyptisches Gepräge. Geschichte in christlicher Sicht ist Adventszeit, Bereitschaft für das Ende und das Kommen. Sie ist Agonie des Fürsten der Welt, der von der Welt nicht lassen wird, eh das Zeichen am Himmel aufflammt, und zugleich erlösende Agonie des von Christus gestifteten, in ihm lebenden, des geheimnisvollen, in Zeichen sich kundmachenden, des auferstehenden Reiches. Geschichte ist dieses Verschlungensein der irdischen und der himmlischen Agonie, des Sieges und Todes, der Krankheit zum Tode und zum Leben. Denn der Herr ist der Arzt. Dem Christen ist von Kriegen des Endes gesagt, aber unzweifelhaft von solchen, mit denen er nichts zu schaffen hat, deren leidender Zeuge er sein wird.

Niemand kennt die Stunde. Aber der Christ ist gerüstet für diese Welt und Zeit mit dem Helm des Heils, dem Schwert des Glaubens. Es ward ihm alles gegeben, dessen er bedarf. Um Wirkung und Sieg kann es ihm nicht gehen, das ist Gottes Sache, sondern nur um die Tat, das Leben der Liebe. Er soll einer Welt walten, sie zu ordnen suchen, von der er weiß, daß ihr Gefüge zerrüttet werden wird. Und wenn er wüßte, daß die Welt morgen untergeht – was er ja nicht wissen kann –, sollte er nicht heute, nach Luthers Beispiel, ein Friedensreis pflanzen? Und wenn ihn dabei die Posaune überraschte: wäre es nicht sein bestes Ende?

Gegenwart

Für die im Jahre 1950 in Lucca gehaltene Tagung der „Società Italiana per il Progresso delle Scienze“ schrieb Albert Einstein eine Botschaft, deren Titel in der Übersetzung lautet: „Zur Erniedrigung des wissenschaftlichen Menschen“[21]. Er bekennt sich zu der Überzeugung, daß das Begreifen der erfahrbaren Welt ein selbständiges, nicht von „praktischen“ Zielen abhängiges Streben sei. Der Forscher als solcher stellt also den Anspruch auf Freiheit, er wird „sozial betrachtet, zum extremen Individualisten“. Aber dennoch hat er seine Stellung, und zwar eine höchst einflußreiche, im „sozialen Körper der Menschheit“. Er ist, wenn auch indirekt, Urheber radikaler Umgestaltung des wirtschaftlichen Lebens und „bedrückt“ davon, daß seine Forschungsergebnisse eine akute Bedrohung der Menschheit herbeigeführt haben; daß sie in die „Hände seelenblinder Träger der politischen Gewalt“ gefallen sind. Seine Arbeit hat dazu beigetragen, daß wirtschaftliche und politische Macht in den Händen kleinerer Minoritäten konzentriert wurde, von denen die amorph werdenden Massen abhängen: ja, dieser Vorgang wirkt gegen ihn selbst, er bedroht seine Existenz „von innen“. Die Macht, die sich mit Hilfe der Forschung herausformte, hat es verstanden, sich raffinierte Mittel geistiger und seelischer Beeinflussung zu schaffen, die sie gegen die Heranbildung unabhängiger Persönlichkeiten einsetzt. Der Forscher hat also in „übermenschlicher Anstrengung“ seine Versklavung und Vernichtung ermöglicht: er muß sich einen „Maulkorb anhängen lassen“, wird gezwungen, als Soldat sein Leben zu opfern und fremdes zu zerstören, „auch wenn er von der Sinnlosigkeit solchen Opfers überzeugt ist“. Der Umstand, daß Nationalstaaten Träger der unter seiner Leitung und Weisung hergestellten Waffen sind, muß „zur Vernichtung aller“ führen. Eine übernationale Rechtsordnung – die von Einstein bei vielen Gelegenheiten geforderte „Weltregierung“, die schon von Crucé und Penn erhofft wurde – könne allein noch den Menschen vor der nackten Gewalt retten. Nun aber ist es schon so weit, daß

[21] Albert Einstein: Mein Weltbild. Zürich 1953.

der Forscher die von den Nationalstaaten verhängte Tyrannei als unabwendbares Schicksal hinnimmt, „daß er auf Befehl die Mittel für die allgemeine Vernichtung der Menschen weiter zu vervollkommnen hilft". Einstein schließt mit einem Protest im Namen unverletzlicher innerer Freiheit und Würde: „Einen innerlich freien und gewissenhaften Menschen kann man zwar vernichten, aber nicht zum Sklaven und blinden Werkzeug machen." Der Gelehrte müsse einmal Mut und Zeit finden, seine Lage und Aufgabe zu überdenken, dann könne die geschilderte internationale Gefahr wesentlich gemildert werden.

Das ist mit imponierender Offenheit gesprochen. Man kann hinzufügen, daß die moderne Forschung ohne großzügigste Hilfeleistung des Staates kaum arbeiten kann, daß also dieser, indem er die nötigen Einrichtungen stellt, schon ein Recht auf die Forschungsergebnisse erlangt. C. F. von Weizsäcker (Zum Weltbild der Physik. 1954) hat von Fällen gesprochen, „in denen der Wissenschaftler so weit gehen muß, nicht nur auf Anwendungen, sondern auf das Forschen in einem bestimmten Gebiet bewußt zu verzichten, weil er weiß, welche Folgen bestimmte Entdeckungen in einem bestimmten Augenblick haben würden". Das ist die von Einstein geforderte innere Freiheit und widerspricht der von Edward Teller, dem Konstrukteur der H-Bombe, geäußerten Überzeugung: „Das Wichtigste in jeder Wissenschaft ist, zu tun, was getan werden kann."[22] Um ein Tun geht es allerdings. Denn die Grenze zwischen Erkenntnis und Anwendung scheint kaum mehr haltbar zu sein. „Dieser Zusammenhang zwischen Theorie und Praxis wird immer enger und unausweichlicher. Die Atombombe ist von theoretischen Physikern konstruiert, die sich, als sie in ihrer Jugend den Beruf wählten, von der technischen Anwendung der Atomphysik nichts hätten träumen lassen" (Weizsäcker). – Wie also unter bestimmten Bedingungen eine Welle „Korpuskel-Aspekt" hat, so erscheint Theorie in einem bestimmten Geschichtsbereich als Feuer, das hunderttausend Menschen verbrennt. Wenn aber der Forscher sich jene Freiheit bewahrt, wenn er vor gewissen Fragegebieten Halt macht, auf Konstruktionen und Erfindungen verzichtet: macht er sich dann nicht schuldig am Staate, in dessen Diensten er steht, und am Volke, das dieser vertritt? Wo er verzichtet, gehen vielleicht die Forscher auf der Gegenseite weiter. Die ganze Forschungs- und Konstruktionsarbeit dieser Zeit gleicht doch einem Bergwerk, in dem, von verschiedenen Einfahrten her, die Bergleute ihre Stollen einander entgegentreiben,

---

[22] A. Den Doolaard: Die Zukunft in deinen Händen. Hamburg 1955.

sich belauschen und nur allzugut wissen, wo die andern stehn. Die Denk- und Fragebereiche der äußersten Vorhut sind von unerhörter Sensibilität: von der leisesten Berührung eines Fadens zittert das Netz, ganz abgesehen von Spionage und Verrat, welch letzter Folge innerer Unsicherheit sein kann. Der Verzicht eines Forschers auf eine nicht verantwortbare Konstruktion mag von persönlich-sittlichem Werte sein, im Nationalgeschehen kann er als Schuld und Verhängnis angesehen werden. Ein weltgeschichtliches Verdienst würde er nur bedeuten unter einer dauerhaften Weltregierung. So aber schweigen die Selbstvorwürfe nicht: der Forscher versucht, sie mit dem Paradox zu erschlagen, daß der Erfinder der furchtbarsten Waffe dem Frieden den besten Dienst erweist, weil er Gegner in lähmender Furcht hält. Da aber die Röhren kommunizieren, bewirkt diese Absicht nur wechselseitige Steigerung der Vernichtungspotenz, die die Machtgestalt unserer Ära ist. Wenigstens ist sie die tödliche Spitze heute sich manifestierender Macht: es geht nicht um die militärische Niederlage, sondern um Vernichtung der gesamten gegnerischen Potenz, deren Schwerpunkt sich immer mehr nach der zivilen Seite, in den Produktionsprozeß verschiebt. Kants Ahnung vom „Ausrottungskrieg" geht also in Erfüllung. „Wo die Vertilgung beide Teile zugleich und mit dieser auch alles Rechts treffen", kann Ewiger Friede nur stattfinden auf „dem großen Kirchhof der Menschengattung". Solches Denken kann sich in der uns bekannten Streitwelt nicht anders realisieren als ein Prozeß und Progreß zum Tode hin. Fragwürdig bleibt doch das verzweifelte Bemühen des Forschers, sich selbst als Denker und Konstrukteur von der Geschichte zu distanzieren und den Staatsmann für die Anwendung verantwortlich zu machen: der Staatsmann empfängt ja die Welt, die bestimmte Gestalt der kriegerischen Macht und der Wirtschaft aus den Händen des Forschers. Dieser ist es heute, der der Geschichte den Weg bahnt. Und es ist freilich absurd, daß er mit Axt und Spaten vorangeht und danach als letzter, ein Protestschreiben in der Hand, sich dem Zuge wieder anschließt. Vom Staatsmann aber ist es nicht zu verlangen, daß er die Welt umwandle. Mit seinem Amt nimmt er auch ihre Gestalt an. In dieser Realität muß er versuchen, Ordnung zu schaffen, muß er Macht verwalten und ausüben, vor seinem Gewissen: der Forscher legt die Macht in Gestalt der Waffe in seine Hand.

„So sind", wie Hegel, Baumeister, Prophet und Opfer unserer Ära, sagte, „Wissenschaften und das Verderben, der Untergang eines Volkes, immer miteinander verpaart." Auf der Ebene wissenschaftlicher Ethik spielt sich eine Not ab, die der Not der Kirche und Theologie entspricht. Denken wir an Einsteins Einsatz für und gegen die Atombombe! Niemand hat sich mit schärferer Abneigung über das Militär geäußert als er. Offen sprach er die Überzeugung aus, daß der „gewaltsame Weg der Militärdienstverweigerung" der beste sei im Kampf gegen die Rüstung, vorausgesetzt, daß Organisationen die Verweigerung stützen. Als aber junge Belgier den Vertreter dieser Überzeugung fragten, wie sie sich im Falle eines Angriffs auf ihr Land verhalten sollten, antwortete er kurz und bündig: „In diesem Falle hat jeder, so gut er kann, für die Freiheit seines Vaterlandes Belgien zu kämpfen."[23] Der Vorwurf der Inkonsequenz ist leicht gemacht. Wenn Einstein den Militarimus bekämpfte aus Haß gegen die von ihm befürchtete Tyrannei, so ist es – wie man auch in der Frage denken mag – nicht ganz unverständlich, daß er unter einer ganz bestimmten Konstellation das Opfer seiner Überzeugung brachte, um der Tyrannei zu begegnen.

Hier wird davon nur gesprochen, um deutlich zu machen, daß es auf der Ebene unserer Erfahrung keinen Ausweg gibt; daß sich in der gegenwärtigen Phase der Macht-Gestaltung, Potenzierung, Verteilung geschichtliche Notwendigkeiten realisieren, die auch Menschen von überragendem Mut und hohem Ethos von Fall zu Fall bezwingen. Immer bleibt das Opfer. Aber auch vom Opfer kann nicht gesagt werden, daß es nicht in einer Beziehung stände zur Schuld. Es ist vielleicht der entschiedenste Akt zur Freiheit hin, Zeichen, das zurückleuchtet. Vielleicht aber gibt es Verantwortungen, die auch das Opfer nicht erlauben.

Nach der Menschheitskatastrophe von Hiroshima soll ein führender Forscher gesagt haben: „Wir haben die Sünde kennengelernt, und das ist eine Erkenntnis, die wir nie wieder verlieren können."[24] Im Schatten dieser Erkenntnis gehen wir unseren Weg, wie es die Schlange vorausgesagt hat: Ihr werdet mitnichten des Todes sterben. Ihr werdet sein wie Gott. Völkerscharen wimmeln wie Ameisenheere, die die Wurzeln einer mächtigen Fichte zerfressen, in den Laboratorien des Todes, an den Wurzeln der Weltesche. Auch ein mäßiger Zeitungsleser, der sich mit seinem Lokalblatt zufriedengibt, kann sich in wenigen Tagen eine Sammlung von Nachrichten aus diesen Laboratorien anlegen, die freilich in der nächsten Woche schon weit überboten sein wird: fünfzig Pressevertreter sind nach einem Atoll geflogen, um die neuesten Versuche aus achtzig Kilometer Entfernung zu beobachten; das größte Kriegsschiff der Welt

---

[23] Philipp Frank: Einstein. 1949.

[24] Robert Oppenheimer: zitiert von Den Doolaard.

ist eben vom Stapel gelaufen als die „größte Ansammlung tödlicher Waffen“, die es jemals auf einem Platze gab; um den Vorsprung vor der Gegenpartei zu sichern, wird eine zusätzlich beantragte Summe für Langstrecken-Atombomber vom Typ 52 verwendet; ein neues Wunderflugzeug wird im Steilflug Überschallgeschwindigkeit erreichen und waagrecht mit doppelter Schallgeschwindigkeit fliegen; auch die Bundesrepublik hofft, bald mit ihren bescheidenen Mitteln einen kleinen Beitrag auf dem Gebiet der ferngelenkten Flugkörper liefern zu können; aus hundert Meter Meerestiefe kann ein neues sowjetisches U-Boot-Geschoß abgefeuert werden und ein 185 km entferntes Ziel auf der Oberfläche treffen. Über München ist im November und Dezember 1955 radioaktiver Regen niedergegangen, fünfmal stärker, als ihn der Mensch ohne Schaden zu nehmen ertragen kann. In den Knochen von Schafen wurden bereits vierzig Prozent der ohne Gefahr gerade noch zulässigen Quantität Strontium gefunden. Und sicherlich, wenn die Gegenpartei nicht verschwiegener wäre, ließen sich die Gewichte gerecht verteilen. Das alles bewegt sich auf der Linie der erstaunlichen, von einem Abgeordneten des Bundestags uns zur Verfügung gestellten Paradoxie: daß Aufrüstung der beste Beitrag zur Abrüstung ist (weil sie nämlich den Gegner veranlassen wird abzurüsten). Das ist echter Krieg: Eroberung von Vernichtungspotenzen, Okkupation von Todesbezirken. Niemals wird es darüber oder in der Nachbarspalte an Ermahnungen zum Frieden und Äußerungen der Friedensliebe fehlen. Der Zirkel ist rasch durchlaufen. Einstein hat das klar ausgedrückt: übernationale Vereinbarung, die allein hemmen und regulieren könnte, setzt einen hohen Grad gegenseitigen Vertrauens voraus. „Besteht jedoch ein solches Vertrauen, so gibt es auch keine Kriegsgefahr mehr. Das hat mit der Bombe schon nichts mehr zu tun.“ So kommen wir zu Kants erster Forderung zurück, die sich bis jetzt als unerfüllbar erwies, und dies gewiß nicht ohne ernste Gründe. Entfaltung der Wissenschaft und der Kriegstechnik sind wesensgemäß verknüpft. Sie treiben einander unaufhaltsam. Sie müssen es. Und doch sind verschiedene Haltungen möglich. Stellen wir sie einander dokumentarisch gegenüber: „Mit einem Gefühl der Erleichterung, daß der Krieg beendet sei, und des Stolzes auf die führende Stellung der Vereinigten Staaten auf dem Gebiet der Naturwissenschaften reagierte das amerikanische Volk auf die Bekanntgabe der Atombombe und der japanischen Kapitulation, die bald darauf erfolgte.“ (Philipp Frank, Einstein.) „Wir sind jedoch der Ansicht, daß es sehr wichtig ist, einen Feldzug gegen die Atom- und Wasserstoffbombe nicht mit antiamerikanischen Gefühlen zu verbinden, gerade weil eine so niedrige menschliche Gemütsbewegung wie der Haß zwischen zwei Volksgruppen die Herstellung und Erprobung der Waffen zu rechtfertigen scheint, die, wie die Atom- und Wasserstoffbombe, auf Massenvernichtung gerichtet sind. Es ist ganz gewiß nicht meine Absicht, daß meine Worte irgendwie zum Entfachen eines größeren Hasses gegen irgendeine Gruppe meiner Mitmenschen benutzt werden. Dagegen bete ich aufrichtig, daß sie zum Ausgangspunkt größerer Liebe, des Verstehens und gegenseitigen Vertrauens zwischen den Menschen werden mögen" (Dr. Yasuki Nishiwaki, von der Universität Osaka, nach Den Doolaard).

Leukipp und sein Schüler und Gefährte Demokrit haben, angeregt vielleicht von Empedokles, das Atom als „unzerschneidbare Größe" konzipiert und die Welt als Mischung und Entmischung solcher unzerteilbarer Teilchen verstanden: sie bestand aus Atomen und dem leeren Raum. Es ist wohl eine Weltfrömmigkeit denkbar, die sich scheut, den Baustein des Alls zu zertrümmern. Aber die Heraufkunft rücksichtslos fragenden Geistes, der fragt auch um den Preis faustischen Zerscheiterns, ist doch Menschheitslos, bewirkt von einzelnen im Ganzen der Geistesgeschichte: die Forscher, die die „Sünde" kennenlernten, haben die Sünde aller ausgetragen. Und Menschheitstragik ist es, daß das Geheimnis sich dem Fragenden entzieht, indem es, gewissermaßen um sich zu rächen, Kräfte in seinen Händen läßt, die sein Schicksal werden. Noch ist es ungewiß, ob der Mensch „seine eigenen Erfolge zu überleben" vermag (Louis de Broglie). Aber die Geschichte bestimmende Entdeckung ist nicht nur ein zweideutiges Geschenk: sie war offenbar eine Notwendigkeit und könnte die Menschheit retten, wenn sie die wärmenden Kräfte der Erde ausgebeutet hat. Unter demselben Schleier bergen sich Leben und Untergang, Licht und Tod, Apoll. Und hervortreten wird, wer gerufen wird. Wir leben von der Möglichkeit der Vernichtung. Ende und Zukunft sind komplementär.

Jedenfalls hat sich die bisher größte geistige und sittliche Katastrophe der Menschheit vor unseren Augen ereignet, setzt sie sich einen jeden Tag fort: in Gestalt des Erdenkens, der Konstruktion und Herstellung der modernen Waffen. Sie tut sich kund in gigantischen Schwertern, Feuerkugeln, Rauchsäulen in der Form von Fragezeichen und Giftpilzen über dem Pazifik oder der sibirischen Wüste und zwar mit Vorliebe an hohen Feiertagen der Christenheit. Schon werden Regenfälle mit nicht unberechtigtem Mißtrauen erduldet: Segen könnte vergiftet sein. Wenn der Nachbar den Garten, den Acker, die Quelle des Nachbarn schädigt, so wird dieser vom Richter in Schutz genommen. Unter Völkern verhält es sich keineswegs so. Öffentlich mit Empörung verfemte Abstufungen in der Bewertung der Rassen scheinen im Verborgenen wirksam geblieben zu sein. Gerade das Verbrechen der Versuche mit nicht eindämmbaren Kräften, deren Auswirkung, wie einst die der Röntgenstrahlen, nur bis zu einer gewissen Grenze bekannt zu sein scheint, macht die Einheit der Welt, des Völkerlebens offenbar: es trifft alle. Aber welche Folgerungen haben sich bisher ernsthaft manifestiert? Wird die Welt als Versuchsfeld beansprucht: so müßte sie auch einem Weltrecht unterliegen. Es blieb beim Protest der Machtlosen, bei wenig glaubwürdigen oder nicht ausreichenden Erklärungen im Staatssolde stehender Fachleute. Ende des vorigen Jahrhunderts schrieb der große portugiesische Historiker und Staatsmann Oliveira Martins, Vorbereiter der Wiedererstarkung seines Volkes: „Eine Welt, in der die Liebe nicht herrscht, ist eine verdammte Welt. Ein Volk, das nicht fähig ist, die Demütigen verehrend zu erhöhen (incapaz de consagrar os humildes), ist ein sterbendes Volk (povo moribundo).“ – Was wir fürchten, ist längst da, gehört zu uns. Und nur die Frage nach dem Ausmaß und der Intensität der Auswirkung ist offen, wird und muß von den nachgerade bemitleidenswerten Staatsmännern dieser Zeit beantwortet werden.

An dieser Stelle befinden wir uns. Hegel müßte nun das Eingreifen des höheren Prinzips erwarten. Aber „das höhere erscheint für das frühere, niedere immer als Verderben, als solches, wodurch die Gesetze der bestehenden Welt verneint, nicht anerkannt werden“. Ist eine andere Hoffnung?

Das unwahrscheinliche Notwendige

Wenn der Sache des Friedens überhaupt ein Dienst erwiesen werden kann, so nur in unbarmherzigem Realismus. In Sachen der Politik verstände sich das von selbst, hier aber geht es nur um das „Vorfeld“ (Eliot), um Haltungen, um unbarmherzigen Realismus des Geschichtsbildes. Fassen wir zusammen: die ganze empirische Geschichte, das Los der Friedenspläne, denen Neues kaum hinzuzufügen ist, die Fesselung, die Unmacht des repräsentativen Christentums, die Verkettung von Wissenschaft, Wirtschaft und Kriegstechnik, ihre Entpersönlichung, das Scheitern der Ethik in ihrem Gebiet, die Abwesenheit des Vertrauens zwischen den großen Partnern, die, wie gesagt, wohl zu begreifen ist, verneinen bis zu dieser Stunde die Aussicht auf einen Friedensschluß im Sinne Kants. Es ist verhängnisvoll, wenn die Wahl zwischen Vertrauen und Stärke gestellt wird, denn Stärke ohne Vertrauen reicht nicht aus. Stärke bewährt sich erst dann, wenn sie in selbstgewisser Entsagung Vertrauen schafft. Mehr und mehr scheinen die Zeitgenossen sich der Meinung zuzuneigen, daß die Katastrophe unabwendbar sei, sich aber nicht mehr zu ihren Lebzeiten ereignen werde: es ist eine frivole Resignation. Als Plus könnte nur die beispiellose Macht drohender Zerstörung angesehen werden: ein Motiv, das in solcher Wucht noch nicht aufgetreten ist.

Aber an neuen Motiven hat es auch vor der Ära der Weltkriege nicht gefehlt. Denken wir an Tolstois „Sewastopol“: das war in dieser Wahrhaftigkeit doch fast ein neues Wort: „Betrachten wir lieber den zehnjährigen Knaben, der in einer alten, jedenfalls von seinem Vater stammenden Mütze, mit Schuhen an den nackten Füßen und in Nankinghosen, die nur durch einen Riemen gehalten werden, gleich nach Beginn des Waffenstillstandes über den Wall gekommen ist, sich lange in der Schlucht aufgehalten, mit stumpfer Neugierde die Franzosen und die auf der Erde liegenden Leichname betrachtet und blaue Feldblumen gepflückt hat, von denen dies Tal übersät ist. Da er mit dem großen Blumenstrauß nach Hause zurückgeht, hält er die Nase zu vor dem Geruch, den ihm der Wind zuträgt, bleibt bei einem Haufen zusammengetragener Körper stehen und betrachtet lange einen schrecklichen kopflosen Leichnam, der in seiner Nähe liegt. Nachdem er ziemlich lange gestanden, tritt er näher heran und berührt mit dem Fuß den ausgestreckten erstarrten Arm des Leichnams – der Arm bewegt sich ein wenig. Er berührt ihn noch einmal, stärker – der Arm bewegt sich und kehrt wieder in seine Lage zurück. Der Knabe schreit plötzlich auf, verbirgt das Gesicht in den Blumen und läuft spornstreichs fort nach der Festung."

Was Dostojewski angeht, so dachte er anders. Er warf es Tolstoi vor, daß er sich in scharfen Widerspruch zur Geschichte seiner Zeit stellte, als er vom Russisch-Türkischen Krieg des Jahres 1877 erklärte, dieser sei nicht echtes Anliegen des russischen Volkes. Dostojewski glaubte an das ideale Ziel dieses Feldzugs, der unternommen werde, um slavischen Völkern nicht Leben und Freiheit zu nehmen, sondern zu bringen. Imperiale Ideen von slavischer Wiedergeburt und die Bereitschaft zum Opfer klangen zusammen. Aber das Christusbild Dostojewskis ist mit Gewalt nicht vereinbar: unter einer „Christus ..." überschriebenen Notiz des letzten Jahres (1880) steht die Frage: „Weshalb ist es unsittlich, Blut zu vergießen? Wenn ich das Gegenteil behaupte, werden Sie meine Behauptung natürlich auf keine Weise widerlegen können." Und im selben Jahre entdeckte er, im Zuge der von ihm unternommenen Umwertung aller Werte, das heißt im Sinne der von ihm entdeckten und heute offenbar völlig untergegangenen „russischen Welt" das geheimnisvolle „Gesetz des Blutes" in der Geschichte. Er notierte: „‚Nur das ist stark, wofür Blut vergossen wird' – bloß vergessen die Nichtswürdigen, daß es sich nicht bei denen als stark erweist, die das Blut vergießen, sondern bei denen, deren Blut vergossen wird. Und das, gerade das ist das Gesetz des Blutes auf Erden."[25] Aber, wie gesagt, Zeichen eines Daseins dieser Wertwelt sind nicht mehr zu erkennen.

Im Jahre 1899 erschien in Berlin das sechsbändige Werk des russischen Staatsrats Johann von Bloch: „Der Krieg". Der Fortschritt der Kriegstechnik seit 1870, führte er aus, „sei größer als die Entwicklung der Waffentechnik von dem ersten Bogenschützen bis zu diesem Jahre"[26]. Das um jene Jahre eingeführte Gewehr war dreizehnmal wirksamer als das im siebziger Krieg gebrauchte; die französische Artillerie soll um 1891 schon die 166fache Schießwirkung der Artillerie von 1870 erreicht haben; die Schnellfeuerkanone soll

[25] F. M. Dostojewski: Literarische Schriften. München 1921.
[26] Alfred H. Fried: Handbuch der Friedensbewegung.

es bald auf das 233fache gebracht haben. Daraus folgerte Bloch die Notwendigkeit einer neuen Taktik; doch ging er weiter und erklärte, daß ein solcher Krieg Selbstmord sei und daß es keine Sieger geben könne. Schon damals kam das Wort auf, daß nicht der Friede, sondern der Krieg Utopie sei. Der General v.d. Goltz erklärte, daß die Schlacht der Zukunft eine Sphinx sei, deren Rätsel niemand zu lösen vermöge. Schlieffen übernahm in einem Artikel die Blochsche Darstellung kriegstechnischer Umwälzungen, Wilhelm II. las diesen Aufsatz einigen Generälen vor und pflichtete ihm bei.

Aber um dieselbe Zeit etwa, da Blochs Werk Aufsehen erregte, war mit der Entdeckung Röntgens (1895) und der anschließenden des Urans durch Becquerel (1896) eine neue Ära der Physik angebrochen, die in unaufhaltsamer Entfaltung, herausgefordert und zugleich gefördert durch das Verbrechen des Zweiten Weltkriegs, an die Stelle führte, wo vom Offizier der nicht mehr verantwortbare Befehl, vom Soldaten nicht mehr verantwortbarer Gehorsam gefordert wird; wo der Befehl den Befehlenden, der Gehorsam den Gehorchenden von innen überfordert und zerstört; wo aber auch die Weigerung beider der Problematik nicht entrinnt. Das neue Motiv, das in der Zeit, in der es auftrat, doch gewiß bestürzend hätte sein können, hat nichts bewirkt, und es wird nun die Aufgabe militärischer Erziehung sein, den Soldaten für den unverantwortbaren Befehl und Gehorsam einzuschmelzen und zu härten; sonst könnte sich das Unglück wiederholen, daß der die Bombe abwerfende Pilot sich selbst zerstört oder daß er nach einigen Jahren im Kloster verschwindet. Der Paradoxie des Friedens: der Notwendigkeit des Unwahrscheinlichen, steht die noch härtere des Krieges gegenüber: die Notwendigkeit des Untragbaren. Der Soldat muß zum „seelenblinden" Träger, Hebel, Auslöser der Waffe werden, die ihm die Wissenschaft liefert; er stirbt, indem er tötet, das heißt: er tötet sich selbst, seine Seele, seine Menschlichkeit. Es wird tödlich sein, der auf dem Schlachtfeld der Zukunft lagernden Sphinx in die Augen zu blicken.

Nun, es ist des Menschen immer würdig, mit Martin von Tours und Franz von Assisi, mit Erasmus und dem „letzköpflin" Sebastian Franck, oder dem „schwindelhirnlin" Kepler, mit Penn, mit Leibniz, dem verlachten Abbé Saint Pierre, Rousseau und Immanuel Kant, mit Tolstoi und Albert Schweitzer, Henri Dunant, Romain Rolland und Fritjof Nansen, mit Friedrich Wilhelm Foerster und Albert Einstein, Hermann Hesse und Leopold Ziegler, dem Verkünder des „Evangelischen Friedens" und der Friedensmission des Reiches, zu hoffen, zu streiten, zu leiden. Es wird immer eine Ehre des Menschen sein, zu hoffen auf den Menschen, zu glauben gegen den eigenen Unglauben.

Die „Weltregierung“ ist eine olympische Versammlung in den Wolken. Sollte sie sich uns nur um weniges nähern, so müßte zuvor die Welt als Einheit empfunden werden, was sie in Wahrheit, unter äußerster Bedrohung längst ist, und das wäre eine Wandlung von Grund aus. Nicht mehr mit „Erleichterung“ sollte die Nachricht von dem staunenswürdigen Effekt der Atombombe vernommen werden; auch die sinnreiche Kombination jener Siegestage mit Marienfesten (Monsignore Fulton Sheen) würde besser verschwiegen. Der indizierte Immanuel Kant, dessen Stadt als Burg des Atheismus, nach frommer Meinung von Gott gerichtet wurde (wir sind bereit, den Nachweis zu erbringen, würden es aber nicht gerne tun), hat einen christlicheren Vorschlag zu bieten: nämlich den Sieg mit einem Bußtag zu begehen.

Immer näher ja scheinen wir dem Weltstande zu rücken, den Johann Peter Hebels Aetti und Bueb, auf der Straße nach Basel, also zum Basler Tod, vor dem Röttler Schloß geahnt haben:

Der Himmel stoht im Blitz un d'Welt im Glast.

Und danach:

Der Belche stoht verchohlt,
Der Blauen au, as wie zwee alti Türn,
Und zwischedrin isch alles uusebrennt
Bis tief in Boden abe. D'Wise het
Ke Wasser meh ...

Ja und wenn sie noch Wasser hätte und ein Mensch noch schöpfen, ein Tier noch trinken könnte: so tränken sie den Tod. Ein französischer Forscher, Charles-Noël Martin, hat im Jahre des Heils 1955 festgestellt, daß die „entfesselte Atomkraft alles verändert hat außer unserer Denkweise“ (nach Den Doolaard). Ja. Uns müßten die Fische, die Vögel, die Bäume, das Wasser, die Luft fast ebenso erbarmen wie die Menschen, gleich welcher Rasse und Denkweise, unter allen Umständen aber die künftigen Generationen genau wie wir selbst. Denn das Leben ist eins. Was auch bleibt uns sonst als Antwort, als Haltung vor der grenzenlosen kosmischen Verlassenheit der Menschheit? Wir treiben auf einem Schiffe, ohne zu wissen wohin, ohne Aussicht, einem andern zu begegnen, einen Rettungsring aufzufangen, eine Botschaft und Weisung oder gar einen Lotsen, den wir wohl gebrauchen könnten: sicher ist nur das Eine: daß das Schiff einmal scheitern, die ganze Mannschaft im irdischen Sinne untergehen wird. In der Zeit, in der sich die Milchstraße ein einziges Mal um ihre Achse schwingt, bis also die Sonne dort wieder steht, wo sie eben steht, es sind 225–250 Millionen Jahre, geht alles unter, was auch die kühnste Phantasie an Geschichte vorzustellen vermag: ein einziges Milchstraßenjahr wird sie weit überschreiten, und viel mehr als 30 bis 40 solcher Jahre sind für den Kosmos wohl nicht zu erwarten. Unsere Teleskope fangen Konstellationen, Wirklichkeiten auf, die um 500 Millionen Jahre zurückliegen mögen, der Radius der Milchstraße wird mit 50000 Lichtjahren, die Entfernung des nächsten Systems, des Andromeda-Nebels, mit 720000 beziffert. Wir können mit Pascal den Stolz empfinden, das All in unserem Geiste zusammenzufassen, mit Einstein die Verwunderung, daß etwas an dieser Welt uns begreiflich ist. Wir können es uns doch nicht verheimlichen, daß unsere Lebenskraft und Lebenszeit im kläglichsten Mißverhältnis zur Reichweite unserer Himmelsphotographie und unserer astronomischen Tafeln steht. Und nun erleiden wir dieses Ausgeliefertsein, wir alle mit uns anvertrauten Geschöpfen, auf einer Erde, die schön ist und leuchtet wie ein vom Rad in die Nacht sprühender Funke. Sollen wir diese Erde sprengen? Sollten wir einander nicht um den Hals fallen in grenzenlosem Erbarmen? Nicht heute – das wäre ja nicht möglich –, aber die Anpassung der Denkweise an die Wirklichkeit müßte doch ernsthaft aufgenommen werden – von einigen wenigen, die zuerst, die in Gottes Namen den Mut finden, aus der Bahn zu biegen. Die Menschheit müßte doch einmal beginnen, sich vor dem Kosmos zu konstituieren, in dem ihre Flamme verbrennt. Aber wissen wir denn, wo wir sind? Wir werden geboren mit einem Schleier vor Augen, halbblinde Geschöpfe, die niemals sehen werden. Wir erforschen nur die Reaktion unbenennbarer Kräfte auf bestimmte Versuche und Fragen. Wer da antwortet, wissen wir nicht. Die Antwort ist nur ein Zurückweichen des Geheimnisses, Erforschung nur neue Frage. Gesetz ist doch, daß der Geist der Geschichte voraus ist, daß er berufen ist, sie zu führen, wenn auch nicht von ihr gelöst, sondern im Gespräch mit ihr, erkennend, antwortend, vorausschauend. Gesetz ist, daß im Gedanken Geschichte sich anbahnt. Gesetz ist freilich auch, daß die aufgerührten geschichtlichen Mächte, seien sie politischer, wirtschaftlicher, sozialer Natur, sich der Werke des Geistes bemächtigen, sie umbiegen, ausplündern, Waffen, Brecheisen aus ihnen schmieden – oder zersprengende Kräfte aus ihnen gewinnen. Diese Passion der Geisteswerke ist unausweichlich. Das ändert aber am Auftrag und Vorsprung des Geistes nichts. In der Geschichte kann nur geschehen, was er vorbereitet hat. Er kommt zuerst an die Kreuzung: er allein kann den Wandel des Welt- und Wertbewußtseins vollziehn. Auf irgendeine Weise wird dieser Vollzug zurückwirken, eindringen in die nachstrebenden Kräfte: indem sie gegen ihn ankämpfen, werden sie sich in einem gewissen Grade verändern. Er führt das Steuer. Das Meer, den Sturm beherrscht er nicht. Er ist nicht Herr, aber er hat das erste Amt und ist frei, zum Tod zu entscheiden wie zum Leben. In diesem Angewiesensein des Menschen auf die Freiheit gründet eine Macht, die wir bis heute nicht hinreichend realisiert haben.

Moltke nannte den Ewigen Frieden einen Traum und nicht einmal einen schönen. Er fürchtete Verweichlichung, Erschlaffung; der Krieg hat ja auch keineswegs einsinnig kulturzerstörend gewirkt, sondern auch -hervorrufend und -verbreitend. Moltkes Urteil ist verständlich von der Zeit her, aus der er kam, nicht mehr ganz am Ende des vorigen Jahrhunderts, da sich auch andere Stimmen meldeten. Zutreffend ist es nicht. Keineswegs müssen mit dem Kriege die männlichen Tugenden verschwinden. Es wird immer Mut gefordert werden. Die Persönlichkeit wird immer im Kampf stehen mit der Umwelt und Mehrheit. Tätige Hilfsbereitschaft wird immer das Leben kosten, die Lebenskraft; Wissenschaft und Kunst verzehrende, zerstörende Hingabe – die Wissenschaft der Zukunft ist höchst unwahrscheinlich ein heroisches Unternehmen, wie Wissenschaft noch kaum gewesen ist. Das Recht ist immer in Gefahr, mißhandelt zu werden, immer angewiesen auf Verteidiger, die es höher als ihr Leben schätzen. Opfer über Opfer werden gefordert werden. Die Errichtung des Ewigen Friedens würde an den tragischen Gegebenheiten unseres Daseins nicht das mindeste ändern, sie würde uns nur gewähren, die unlösbaren Konflikte in einem reineren und strengeren Sinne zu erfahren. Wo keine Persönlichkeit ist und sein kann, wo die Menschen verbrannt werden wie Stroh, der das Geschoß Werfende ein stummer Hebel ist, ein Knopf, auf den die anonyme Hand eines Stabes oder Staates drückt: da ist überhaupt keine Tragik, weil keine Würde da ist und keine Person; da sind nur Greuel, Angst und Verbrechen, Entstellung der Menschengestalt, die zum scheußlichen Klumpen zusammenschrumpft und an abstoßender Mißbildung nur noch von der Seele des unglücklichen Täters übertroffen werden könnte – falls sie sichtbar würde. Das ist ja nicht mehr Krieg in dem Sinne, in dem das Wort noch in unseren Büchern steht, nämlich im Sinne bisheriger Geschichte; das ist ein Vorgang, vergleichbar nur der heute von Flugzeugen über absterbenden Wäldern geübten Insektenvertilgung. Die Welt nämlich, in der wir bisher lebten, geht in jedem Falle zu Ende; das ist die unausbleibliche Folge gemachter und angebahnter Entdeckungen und Erfindungen: die Frage ist nur, ob der Krieg das Ende vollziehen wird oder der Friede. Wir befinden uns in einem Zwischenzustand, der nach allem Ermessen nicht lange wird dauern, nicht lange wird unentschieden bleiben können. Wir sind alle frei: wer die Waffe ergreifen und verantworten will, hat dazu das Recht; er muß nur wissen, vor welchen Gegebenheiten er das tut, statt sich von den Schlachten von Kesselsdorf oder Sedan leiten zu lassen, die wahrlich furchtbar genug gewesen sind – wie kaum ein Bericht sie schildert.

Ungewiß bleibt es bis zur Stunde, ob die Menschheit fähig ist, sich als solche zu verstehen. Alle Erfahrung spricht dagegen. Aber alle Erfahrung sagt über das Mögliche nicht das letzte Wort. Die Unvergleichlichkeit der von der Geschichte, vom Denken heraufgerufenen Situationen steigert sich von Jahrhundert zu Jahrhundert, von Jahrzehnt zu Jahrzehnt, von Jahr zu Jahr. Wo die Klimax endet, ob sie im Geschichtlichen gipfelt, ob die Entwicklung umschlägt, wissen wir nicht. *Gewiß ist: es müßte geschehen, was noch niemals geschehen ist, wenn die uns bekannte Welt, der uns noch unbekannte Mensch gerettet werden sollen.* Es müßte geschehen: ein Denken des Friedens von Grund aus, wahrhaftig in jeder Faser. Freilich: die Bedrohungen auf der einen, der Wille zur Selbstbehauptung und Wahrung des Erbes auf der andern Seite können von so erbitterter Entschiedenheit sein, daß die Menschheit sich selber wagt um der Wahrheit oder des Wahnes und Zwanges willen: jedenfalls um ein Ziel, das sie sich dann entschließen muß, über alles zu setzen, was uns im Irdischen vertraut ist und was wir lieben. Es mag sein, daß es nach dem großen Krachen, in dem die Himmel vergehen, die Elemente vor Hitze zerschmelzen und die Erde samt den Werken auf ihr verbrennen (2 Petr. 3, 10), Überlebende gibt, schwerlich aber Menschen.

Man kann für die Freiheit sein Leben wagen. Dies Recht hat jedermann. Ob aber Millionen Kinder? Und die werdende Mutter, die sich während des Großangriffs durch Feuer rettet und niemals Mutter werden wird? Und ob es eine Mutter geben wird, eine christliche oder nichtchristliche, die, unter allen Schmerzen, das Ausbleiben des Sohnes weniger fürchtet als seine Heimkehr mit von den modernen Waffen befleckter Hand und zerstörter Seele? Da nach der dankenswert-wahrheitsliebenden Erklärung des Generals James Gavin vor dem Ausschuß für Luftstreitkräfte des amerikanischen Senats in einem totalen Atomkrieg mit „mehreren hundert Millionen Toten“ zu rechnen ist – wo und wie der Wind weht –, so haben die Kriegführenden doch wenigstens den Tod von hundert Millionen Kindern zu verantworten, die weder nach Freiheit noch nach Unfreiheit gefragt werden können. Hier aber, nicht in der Wahl des Mündigen zwischen Freiheit und Tod, die einfach wäre, spielt der eigentliche, der heillose Ernst der Entscheidung, die die Menschheit auf ihrem tragischen Wege heraufgerufen hat.

Epilog

Der Schwerpunkt der hier in Rede stehenden vor- oder überpolitischen Vorgänge und Gefahren liegt außerhalb des Christentums, dessen Vertreter sie nur mit in ihrer Unmacht und Widersprüchlichkeit ergreifenden Warnungen und entsetzten Beschwörungen begleiten können. Der Christ weiß, daß nicht der Mensch die Erde aufhebt, sondern der wiederkehrende Herr, und daß auch das furchtbarste Tun des Menschen Spiel ist in Gottes Hand. Er weiß, daß Gebet und Opfer Verheißungen tragen, und daß sie darum Mächte sind. Er ist sich mit Liebe und Bewunderung der wahrhaft verehrungswürdigen Erscheinungen und Vermächtnisse einer Geschichte bewußt, die mit nicht zureichendem Rechte eine christliche genannt wird und mit Schmerz der Wahrheit, daß sie nur einen geringen, einen noch immer abnehmenden Teil der Menschheit vom Glauben an den Gott, der der Friede ist (Epheser 2, 14), zu überzeugen vermochte. Er weiß sich gleichwohl gesendet zu allen Geschöpfen, nicht den Menschen allein (omni creaturae, Markus 16, 15), hat also das Amt eines Hirten der Seelen und des Lebens, der Schöpfung überhaupt und ist in der Verwaltung dieses Amtes durchaus frei. Dem großen Wort des Lehrauftrags „Alle Völker", mit dem der Auferstandene die Menschheit noch einmal zusammenfaßte, wie er das schon durch sein Erscheinen getan, steht ein anderes zusammenfassendes, des sich zum Kreuze Wendenden gegenüber: „Alle Völker werden euch hassen" (Matth. 24, 9). Der Christ steht zwischen beiden Worten in der Geschichte, für alle Völker und gegen sie, um Seines Namens willen: es sei denn, die Völker würden Sein einiges Volk werden, was wohl geboten, aber nicht verheißen ist; was möglich scheint und nach dem, was der Herr vom Ende gesagt hat, unmöglich ist, wie es ja auch möglich sein mußte, daß Christi Botschaft zur Zeit seines Wandels angenommen worden wäre – wie hätte er sonst mit solchem Ernste um sein Volk geworben – und wieder unmöglich, weil das Opfer von Anfang beschlossen war und allein retten konnte. Die Völker werden in den verwirrenden Schrecknissen des Endes abfallen bis auf wenige Zeugen. Ehe der neue Himmel und die neue Erde aufgehen, wird Satan losgelassen und verführen die Völker an den vier Enden der Erde (Geheime Offenb. 20,7). Wohl hat der Herr gesagt, daß er, wenn er erhöht sein werde, alles an sich ziehen werde, nämlich an das Kreuz, wo er erhöht wurde. Was aber hoch ist vor den Menschen, das ist ein Greuel vor Gott (Lukas 16, 15). Das Kreuz zieht die Völker an sich: sie werden es erst sehen, wenn es am Himmel steht über der berstenden Welt.

Der Christ steht also dort, wo untragbare Gegensätze aufeinander stoßen. Sie müssen mit dem Ablauf, der Erfüllung der Zeiten immer schmerzhafter werden. Er ist der angefochtenste, der fast unverständliche, im Grunde unerwünschte Narr in Christo, Träger des Skandals, Jünger dessen, der unter die Übeltäter gerechnet wurde, der Mensch, der ohne Hoffnung hofft, wider die Wirklichkeit glaubt und zur Beglaubigung seiner Friedfertigkeit nichts erbringen kann als das Kreuz seines Lebens. Heinrich III. hat auf dem Schlachtfeld als Büßer vor dem Kreuz den Frieden des Reiches verkündet; der Friede hat kein anderes Zeichen als das Kreuz; es ist auch heute noch denen, die nicht glauben, das Friede gebietende, die Kranken und Verwundeten schützende Zeichen. Das heißt: auf dem Opfer gründet Friede; auf der furchtbaren Gerechtigkeit, die sich nur durch das Blut und die äußerste Verlassenheit des Sohnes versöhnen ließ. Den Friedensschlüssen der Welt, die nach Kant nur Friedenslügen waren, Verträge zwischen zum Vertragsbruch bereiten Partnern, steht der Friede Christi gegenüber, der Friede gibt, nicht wie die Welt gibt (Joh. 14,27), durchaus unzerstörbaren, weil Christus die lebendige Wahrheit ist, und Wahrheit und Friede zusammenfallen, die Lüge aber, noch einmal nach Kant, das Prinzip des Krieges ist.

Wir können es nicht entscheiden – und vielleicht kann diese Entscheidung nie getroffen werden – wie sich der Friede Christi verhält zum Frieden der Welt. Gewiß ist, daß der himmlische in den irdischen übergehen, ihn durchdringen, festigen will – und doch wird sich am Ende Reich gegen Reich erheben, weil sie eben nicht das Reich sind und niemals werden können. Denn das Reich kann nicht zerfallen in sich selbst. Der Christ ist also arm an irdischem Trost, in Wahrheit ein Bettler unter der Treppe im Palast der Mächtigen, der Staatsmänner und Abgeordneten, Präsidenten, Staatslehrer und Parteichefs, die so reich an Verheißungen sind, aber auch der Humanisten, Idealisten und Pazifisten, gutgläubigen Philantropen und Sektierern jeglicher Art, die alle Könige der Versprechungen sind. Der Christ ist mit der heiligen Armut gesegnet. Unangetastet sind die Rechte der Obrigkeit. Aber die Freiheit in Christus ist stärker.

Was bleibt dem Kaiser außer Münze und Schwert, da doch Gottes alles ist, Seele und Leib? Und wird Petrus das ihm verwiesene Schwert noch einmal ziehen? Wie wird er streiten für Christus? Vieles blieb offen! Wie groß ist die Freiheit! Der Herr hat die Schöpfung geheiligt, indem er sie betrat: Eltern- und Kindschaft, Stall und Haus, Tisch und Speise, Arbeit und Schlaf, Lamm und Esel, Fisch, Taube, Adler – das Pferd ist der Apokalypse vorbehalten –, Acker und Garten, Ähre, Weinstock, Netz, Pflug und Boot, den Feigen- und Ölbaum, die vier Elemente, Stein und Fels, er hat geheiligt Siechtum, Mißhandlung, Spott, Essig, Agonie, Leichnam, Grabtuch und Grab. Ungewiß ist es mit der Schrift: der Herr hat nur einmal geschrieben, unverstandene Zeichen in den Sand. Und er hat nicht geboten, daß sein Leben in ein Buch geschlossen, daß ein Buch Zeichen des Glaubens sein solle, wie heilig sein überliefertes Wort uns auch ist. Stark also ist der Christ in dem Einen: daß die Welt, Völker, Geschöpfe, Natur, angewiesen ist auf unteilbare Liebe und daß alle Kräfte des Willens und Geistes, wie unabdingbar sie sind, ihr nicht zu helfen vermögen, wenn nicht das noch mutigere Herz sie zusammenfaßt. Helfen? Der Sinn ist Dasein. Bitten wir, daß die Liebe uns nicht zerbricht – daß die Liebe von oben uns nicht verläßt, daß gegen alle Feuer, die wir bereiten in den Laboratorien des Todes, in Nevada oder Sibirien, Christus das verheißene Feuer auf die Erde schleudre, das in Wahrheit unverlöschliche, und daß dieses Feuer das Todeswerk dieser Stunde samt allen Gedanken des Todes verbrenne! Dem Christen droht einen jeden Augenblick die Frage des verborgenen Gottes, ob er – nicht allein im Handeln, das ja keineswegs allein entscheidet, sondern im Denken und Wünschen, die der Geschichte die Steige richten – Hüter seines Bruders war; ob er den Mut hatte, den Tendenzen zum Untergang, einer ganzen Welt entgegen, einen neuen Gedanken zu denken – oder ob er dachte in der Strömung des Untergangs. Gedanken bestimmen das Klima der Tat; aufgehäufte Vernichtunspotenzen den Gang des Schiffes. Der Bruder aber ist nicht nur der Feind, den zu lieben geboten ist, der Hasser, der nach Verständnis hungert: es ist alles Erschaffene, das Leben, das Hölderlin, der Dichter der Friedensfeier, das heilige grüne der Welt genannt hat. Es ist die Kreatur, deren Vorwurf die Droste lebenslang auf sich fühlte, seufzend unter der mystischen Mitschuld an all ihrem Leid, deren geheimnisvolle Unantastbarkeit Hebbel am Ende entdeckte: sein letzter Held, Demetrius, sollte sterben an der plötzlich erkannten Unmöglichkeit des Tötens. Es ist die verstümmelte Kreatur, deren Aufstand Gertrud Kolmar erblickte, ehe sie im Feuerofen verschwand: heiliger Statt unsäglichen Verbrechens.

Aber es ist ein Irrtum, daß wir völlig frei seien vor den Waffen dieser Zeit. Ihr Dasein hat die Realität verändert, mit der Politiker und Soldaten zu rechnen haben. Der Umstand, daß auch der Gegner über sie verfügt, schränkt die Entschlüsse ein. Nämlich: eine jede Erfindung solcher Art kostet ein Stück Freiheit. Bald nachdem Bertold Schwarz seinen Schrecken in der Freiburger Klosterküche erlebt hatte, mußten Fürsten, Räte und Päpste sich nach tüchtigen Stückgießern umsehn, und die Armbruster und Pfeilschnitzer kamen in Not. Die modernen Waffen sind schon mit Freiheit bezahlt – und es stehe nun dahin, wie weit sie noch Freiheit schützen können. Eben die Tatsache, daß sie Freiheit kosten, ist ein Blitz ihrer Dämonie. Wohl ist Freiheit möglich, müssen wir verbissen festhalten daran, daß sie möglich sei: aber diese Möglichkeit ist auf fast nicht mehr tragbare Weise beschwert.

Wie echter Friede im Kriege hätte beginnen müssen, so ist der Krieg die Folge einer im „Frieden" oder im Waffenstillstand geschehenen geistigen, sittlichen, politischen Katastrophe, schon nicht mehr die Katastrophe selbst, ebenso, wie nicht die Anwendung, sondern die Erfindung der unsere Ära bestimmenden Waffen die sittliche und geistige, also schon effektuierte Katastrophe der Menschheit sind. Wir haben keinen Frieden, sondern Waffenstillstand. Und dieser ist vielleicht einem auf lügenhaften Verträgen gegründeten „Friedensschluß" vorzuziehen. Er beschenkt uns mit – dem Anscheine nach – noch unentschiedener Zeit. Kommende Geschichte wartet auf das Klima, das wir ihr bereiten. Macht ist blind ohne die Führung des Geistes. Das Klima wird mitbestimmt von einer jeden, auch der verborgensten Existenz, wie von der verborgensten, nur Gott kund werdenden Entschließung des mächtig-unmächtigen Forschers und Staatsmanns. Endlich erleben die Völker, die von Gnaden des Schicksals heute Menschheit sind, ohne diese Tatsache bewußt zu realisieren, was sie sind, denken, wünschen.

Der Christ, die Gemeinde, die Kirche aber müßten sich ermuten zu dem ungeheuerlichen Glaubenswort Martin Luthers: „Solange ich bete, wird noch Friede sein." Nicht also Sieg, wie unter des Mose erhobenen, gestützten Armen: sondern Friede.

Carl Friedrich von Weizsäcker

REINHOLD SCHNEIDER IN UNSERER ZEIT

Heute wird Reinhold Schneider 70 Jahre alt. Vor 15 Jahren, am Ostersonntag 1958, ist er gestorben. Für einen Schriftsteller ist der physische Tod oft der Beginn eines Gangs in die Katakomben. Unmerklich und schnell entgleitet er der Aktualität, auch dort, wo er ihr in der Form des Widerspruchs verbunden war. Ein halbes Menschenalter später legen sich die Menschen ihr Leiden an der selbstverschuldeten Wirklichkeit in ganz anderen Begriffen aus. Dient man den heutigen Menschen, wenn man ihren Blick auf eine Gestalt in der Vergangenheit lenkt? Oder wird sie eines Tages neu verständlich aus der Katakombe hervortreten?

Reinhold Schneider sah in seinem letzten Lebensjahrzehnt mit an, wie sich unter dem Namen des Wirtschaftswunders der mächtige und erbarmungslose Prozeß der Industriegesellschaft wiederherstellte. Politisch lag unser Land damals in einem Schlaf, den man, wenn man optimistisch genug war, als einen Heilschlaf nach dem dreißigjährigen Krieg von 1914 bis 1945 auffassen konnte. Schneider sah die Bequemlichkeit, die Unmenschlichkeit und die Lüge in diesem Prozeß. Heute ist der politische Schlaf wenigstens an einer Stelle, auf der Linken, durch eine militante Wachheit abgelöst, der gegenüber die Vertreter des bestehenden Systems zwischen unerleuchteter Härte, d. h. Angst, und halberleuchteter Nachgiebigkeit, d. h. Angst, schwanken. Kann einem jungen Marxisten, der eine rationale Analyse der Gesellschaft in Anspruch nimmt, die leidvolle, liebevolle, dichterische, individualisierende, jede Tradition ehrende Stimme Schneiders etwas sagen? Vielleicht ja, wenn der Marxist spürt, was ihm selbst fehlt. Vielleicht ihm mehr als einem Konservativen, der sie als die Stimme einer schon versunkenen Welt mißversteht. Aber dann werden es nicht die wechselnden Meinungen sein, durch die Schneider sich im langen qualvollen Lernprozeß seines Lebens hindurchgearbeitet hat, deren letzte ihm zuletzt noch entglitten ist, sondern der Mensch wird hervortreten, der keiner dieser Erfahrungen ausgewichen ist. Wollen wir vom Gespräch mit ihm lernen, so müssen wir ihm in seiner Fragwürdigkeit, mit seinen Fehlern, in seiner unerreichbaren Fremdheit begegnen. In Wahrheit ist jeder von uns so fragwürdig, so von Fehlern heimgesucht, sich selbst und anderen so fremd. Vielleicht führt uns gerade die Begegnung mit der unverhüllten Fremdheit zu uns, wenn sie in Liebe geschieht.

Es sei mir erlaubt, zu sagen, daß ich Reinhold Schneider, als er lebte, etwas schuldig geblieben bin und daß ich versuchen möchte, wenigstens ein wenig von dieser Schuld abzuzahlen, auch wenn das ihn als Person nicht mehr erreicht. Im Krieg hat er meine Frau und mich einmal in unserem Dahlemer Häuschen besucht, als ich am Uranprojekt arbeitete. Ich sehe noch den überlangen, überschmalen, magenleidenden Mann vor mir, dessen Glieder kaum auf einem Stuhl unterzubringen waren, und der Melancholie und Güte ausstrahlte. Damals konnte man ja einem Fremden im ersten Augenblick anspüren, ob man offen mit ihm reden konnte, und uns war er kein Fremder, denn wir hatten viel von ihm gelesen. Den aktuellen Zusammenhang unseres Gesprächs weiß ich nicht mehr. Wir sprachen aber auch, wenn ich mich recht erinnere, auf meinen Anstoß hin, von Oliver Cromwell, d.h. davon, ob es einen christlichen Diktator geben kann, und auf seinen Wunsch vom Verhältnis der Physik zur Religion. Ich habe ihn auch nach dem Krieg nicht wiedergesehen. Ich empfand, daß er die religiöse Forderung auf eine Höhe erhob, der ich mich nicht – wie ich mir einredete, noch nicht – gewachsen fühlte. Zugleich fühlte ich mich verpflichtet und berechtigt, den Erkenntnisweg der Modernität, zumal der Naturwissenschaft, ohne Zögern weiterzugehen, und mir schien, als weiche er davor zurück. In der Mitte der 50er Jahre las ich sein Erinnerungsbuch „Verhüllter Tag“ und sah, daß er gerade mit der Naturwissenschaft rang und daß er einiges, was ich geschrieben hatte, kannte. Ich hatte das Gefühl, ich sollte ihn nun besuchen, denn vielleicht könnte ich ihm auf diesem Weg ein wenig beistehen. Ich schob es hinaus, und als ich eines Tages von einer Amerikareise zurückkehrte, las ich im Schaufenster einer Buchhandlung von seinem Tod.

Ich möchte nun einfach sein Leben, soweit es mir vor Augen steht, nachzeichnen und dabei, wie sie sich anbieten, die Fragen berühren, die ihn und uns verbinden.

Das elterliche Hotel in Baden-Baden, in dem er aufgewachsen ist, hat er in dem späteren Buch „Der Balkon“ gleichsam in Aquarellfarben gemalt. Er lebte, in der Familie und im Anblick des ständigen Durchzugs der Gäste jeder Saison, behütet und zugleich fremd, ein Kind, dem jener Zug von Narzißmus eigen gewesen sein mag, den man auch durch den ständigen Prozeß des Schreibens in seinen

Mannesjahren durchzuspüren meinen kann. Wenn es nicht impertinent ist, darf man vielleicht die Bemerkung machen, daß guten Autoren oft in scheinbar fernliegenden Zügen ihrer Schriftstellerei der Beruf ihres Vaters noch anzumerken ist. Platon ist stets der politisch verantwortliche Aristokrat, Aristoteles der beobachtende Arzt; Kants, des Sohns eines Riemermeisters, Schriften haben etwas im besten Sinne Ledernes; und die vielen historischen Gestalten, die Reinhold Schneider in seinen Werken mit tiefer Einfühlung Revue passieren läßt, können in einer weniger respektvollen Minute an die vielen durchreisenden Gäste des Hotels Messmer erinnern.

Der Erste Weltkrieg führt zur finanziellen Katastrophe des Vaters, der das Hotel für Inflationsgeld verkauft. Der Sohn Reinhold, körperlich völlig ungewandt, scheitert an einer Landwirtschaftslehre und verbringt dann bleiche Jahre der Büroarbeit in Dresden. Melancholie, Einsamkeit, ein Suizidversuch. Er lernt Sprachen, liest viel, der Spanier Unamuno wird ihm einer der wichtigsten Autoren, er findet sich in der iberischen Welt wieder. Er wagt den Sprung einer Reise nach Portugal, bricht zum Schreiben durch im Reisetagebuch und dem Buch über den Dichter Portugals, Camões. Nun hat er auch seine künftige Lebensform gefunden, die des schauenden und schreibenden Wanderers. Diese Lebensform und ihre Hintergründe können wir nicht deutlicher beschreiben als mit seinen eigenen Gedichtzeilen:

„Die Nähe sah ich und die Ferne prangen,
Ich durfte Städte ohne Zahl durchmessen
Und habe viel des Herrlichsten besessen,
Allein am Süden hat mein Herz gehangen.

Doch hab ich mehr entbehrt noch als empfangen
Und nie im Glücke meinen Gram vergessen;
An mein erschauernd Herz ein Herz zu pressen,
Das sollt' ich nie auf dieser Welt erlangen."

Um eines schwermütigen und begabten Schriftstellers willen würde ich nicht heute hier sprechen. Es ging Schneider letztlich nicht um die Selbstdarstellung von Gefühlen, sondern um Wahrheit. Vielleicht ist eben dies der gesunde Kern seiner Selbstquälerei, daß er sich mit nichts zufriedengeben konnte, was er nicht als wahr erkannte. Es gibt ja allgemein im Menschen ein eigentümliches Spannungsverhältnis von Gesundheit, Krankheit und Wahrheit. Verstehen wir unter Gesundheit seelische und körperliche Normalität, so befähigt diese zur leichten Auffassung der im vorherrschenden Konsens der

Menschen gängigen Wahrheiten, kann aber die Auffassung verborgener, verdrängter oder noch nicht reifer Wahrheiten gerade erschweren. So wie ein körperliches und ein seelisches Leiden einander hervorrufen oder auch vertreten können, so kann subjektives Leiden auch zur Sensitivität für Wahrheit in einem Verhältnis gegenseitiger Bedingtheit oder auch Vertretung stehen. Dabei werden dem kritischen Blick von außen die pathologischen Züge in einer so durch Leiden erworbenen Einsicht nicht entgehen, aber diese Züge heben nicht auf, daß sie im Kern eine Wahrheit ist, zu der die weniger Leidenden meist schlicht nicht den Mut haben.

Die Wahrheit, um die es Schneider ging, bezog sich auf das rechte Zusammenleben der Menschen in der großen Gemeinschaft, also auf die Politik. Das anscheinend unlösbare Problem aller Politik hat er selbst auf die Formel gebracht: Macht und Gnade. In dieser Spannung sieht er die bewegende Kraft der menschlichen Geschichte. Verfolgen wir gemeinsam, mit heutigem Bewußtsein, die Entscheidungen, die in diesem Geschichtsverständnis stecken.

Zuerst sollten wir Reinhold Schneider, zumal für seine ersten großen Bücher, die Berufsbezeichnung zuerkennen, die er verdient. Er ist Geschichtsschreiber. Er hat eine elementare Begabung, ein natürliches Vermögen, Geschichte einfühlend zu erzählen. Und zwar ist es der klassische Stoff aller älteren Geschichtsschreibung, den er noch einmal aufnimmt: Er erzählt die Geschichte der Herrscher und Reiche. Philipp der Zweite von Spanien, die preußischen Hohenzollern, das englische Inselreich, das christliche Reich des Mittelalters, gespiegelt im Intermezzo Lothars von Supplinburg und der unerfüllten welfischen Kaiserdynastie. Dies nun erscheint dem modernen Bewußtsein altmodisch, denn Geschichtserzählung, zumal wenn sie zwar auf umfassender Lektüre, aber nicht auf eigentlicher Quellenforschung beruht, ist, so meint man, Literatur und nicht Wissenschaft. Reinhold Schneider selbst, dessen Wille zur Demut sich mit einer Bereitschaft des vital Schwachen verband, vielleicht anfechtbare Positionen auch dort zu räumen, wo er ein Recht hatte, sie zu verteidigen – Reinhold Schneider selbst hat nicht den Titel eines Historikers in Anspruch genommen, und wenn heute über ihn gesprochen wird, so nennt man ihn mit einem der ungenauen Wörter der Umgangssprache einen Dichter. Damit wird eine Grundtatsache unseres Verhältnisses zur Geschichte unter den Tisch gewischt.

Historie ist in der abendländischen Kultur wie wohl in allen anderen Kulturen, in denen es sie gibt, zunächst und eigentlich Geschichtserzählung. Diese Geschichtsschreibung ist immer zugleich beurteilend, aber die Form ihres Urteilens ist eben das von

Reflexionen begleitete Erzählen. So wird die unverwechselbare Individualität des Königs David in den alttestamentlichen Samuelsbüchern gezeichnet, die bunte Fülle des alten Orients in seiner Spannung zu den Griechen bei Herodot, die Präzision und Irrationalität des Machtkampfs von Athen und Sparta bei Thukydides, das Entstehen der römischen Weltordnung bei Polybios. Unter dem typenprägenden Vorbild der alexandrinischen Philologie wird die Historie zur Gelehrsamkeit, und in der Neuzeit, voll erst in unserem Jahrhundert, wird sie im Wetteifer mit der Weltmacht Naturwissenschaft zur Forschung, zum Forschungsbetrieb. Nun ist unzweifelhaft, wieviel wir der historischen Forschung verdanken; aber die Gabe der Geschichtsschreibung hat neben ihr einen schweren Stand. Es ist zunächst eine Frage der Gewissenhaftigkeit. Wie kann ich die stets verbleibenden Lücken der Tatsachenerkenntnis durch eine erzählende Wendung auszufüllen wagen oder auch nur verbergen wollen? Aber in dieser Gewissenhaftigkeit steckt auch noch ein handwerklicher Hochmut, ein falsches Zutrauen zu den Tatsachen, die man denn doch zu wissen meint. In der Naturwissenschaft hat der Begriff der reinen Tatsache einen Sinn. Auch dieser Sinn ist nicht unproblematisch. Eine ausgesprochene Tatsache ist stets schon begrifflich – also theoretisch – interpretiert, und die eigentliche Leistung des Forschers ist auch hier, wie Konrad Lorenz sagt, eine Gestaltwahrnehmung. Menschliches Handeln und Verhalten aber ist stets gelenkt von Intentionen, es ist Träger von Bedeutungen. Menschliches Handeln ist eo ipso symbolisch, es ist stets, auch wenn es stumm geschieht, eine Sprache. Die Sprache des Alltags aber – um einen alten jüdischen Scherz über eine Frau zu variieren – redet und redet und redet; aber was sie redet, das sagt sie nicht. Der nicht abreißende Fluß historischer Tatsachen redet, aber darum, was er sagt, streiten sich Biographik und Soziologie, Kausalanalyse, Geschichtsphilosophie und engagierte Deutung.

Wer selbst ein Stück Geschichte miterlebt hat und nachher sieht, was herauskommt, wenn es erforscht, gedeutet, dargestellt wird, wer den Streit der Deutungen erlitten hat, weil er selbst seinen ersten Parteinahmen zu mißtrauen begonnen hat und nun nach der schlichten Wahrheit fragt, der kann leicht an jedem Verständnis der Historie verzagen. Aber auch der Verzicht auf Historie ist ein Verhalten zu unserer eigenen Geschichte, denn diese ist eine Wirklichkeit, sie ist in den Strukturen aufbewahrt, die sie hervorgebracht hat, und der Entschluß, sie nicht anzusehen, ist psychologisch einfach eine Verdrängung. Vermutlich müßte das moderne Bewußtsein durch diese Reflexionskette von naiver Geschichtsbindung, kritischer Tatsachenforschung, historischer Skepsis und Erkenntnis des Verdrängungscharakters – marxistisch gesprochen der ideologischen Funktion –, des Tatsachenglaubens und der Skepsis hindurchgehen. Nach Vollzug all dieser Reflexionen kann das Bewußtsein wieder offen sein für die Frage: Hat vielleicht gerade der scheinbar naiv erzählende, dichterische Geschichtsdarsteller, hat vielleicht ein Reinhold Schneider eine Gestaltwahrnehmung oder noch genauer eine Symbolwahrnehmung, die uns etwas von dem aufschließt, was der redende Strom der Tatsachen, die alle Handlungen waren, eigentlich sagt?

Schneiders Geschichtsschreibung ist in ihrem ursprünglichen Ansatz weder antiquarisch noch kritisch, aber auch nicht monumental, sondern tragisch. Das tragische Verständnis der Geschichte hat einen doppelten Boden, und eben dadurch bietet es wenigstens eine Hoffnung, zu sagen, was sie redet. Wer einen tragischen Helden darstellt, muß ihn zuerst ganz und ohne Vorbehalt so verstehen, wie dieser sich selbst versteht, und dann muß er ihn so verstehen, wie dieser sich nicht verstehen konnte. Das Verstehen des tragischen Helden muß mit einer liebenden Identifikation, ja manchmal mit einem ekstatischen Sichverlieren an den Helden beginnen. Das Verstehen ist das Gegenteil einer ethologischen, psychologischen, soziologischen Kausalanalyse menschlichen Verhaltens, und zwar nicht, weil die analysierbaren Ursachen nicht bestünden, sondern weil Kausalanalyse selbst ein Verhalten mit einem Zweck ist. Im täglichen Umgang ist es, wie wir alle wissen, beleidigend, wenn ich einem Mitmenschen nicht abnehme, was er meint oder tut (und auch der offene Widerspruch ist ein solches Abnehmen, ein Halten des Kontakts), sondern wenn ich ihm oder, noch distanzierter, nur mir selbst sage, aus welchen Ursachen er so denken und handeln muß, wie er denkt und handelt. Reinhold Schneider nimmt seinen Helden immer ab, daß sie das meinen, was sie sagen und tun; er ist ihnen gegenüber von einer selbstverständlichen Höflichkeit des Herzens, und er kann, ja er muß geradezu jeden Konflikt von beiden Seiten her sehen. Um ein Beispiel zu nennen: Für einen modernen Historiker, der Wilhelm von Oraniens Greuelpropaganda hinter sich gelassen hat, liegt es nahe, Philipp den Zweiten von Spanien entweder nüchtern als Phänomen zu beschreiben oder zu fragen, welche psychopathologischen Ursachen diesen Mann veranlaßten, sich hinter Frömmigkeit, Pflichterfüllung, Zeremoniell und den Kuben und Kugeln der Architektur des Escorial zu verbergen. Schneider aber, dem freilich das Einschwingen auf die Melancholie des Königs leichtfällt, nimmt diese gleichwohl im vollen sachlichen Ernst, als das Bewußtsein einer Verantwortung, die so groß ist, daß kein Mensch sie aus eigener Kraft tragen kann. Damit aber geht das Verstehen des Helden, so wie er selbst sich verstand, unmerklich und unmittelbar über in das Verständnis dessen, was der Held nicht mehr wissen konnte, in die Geschichte, die ihre eigenen Gestalten wieder zu Fall bringt und verzehrt.

Die Helden von Schneiders Geschichtsschreibung sind fast durchweg Herrscher und deren Gegenspieler, Partner und Opfer. Es geht um die Macht, ihr Spiel, ihre Verwaltung, ihre Besessenheit und eben ihre Tragik. Hier begegnet ihr als Kritiker eine andere moderne Geschichtsdeutung, die marxistische. Diese sieht die Geschichte als den Kampf der Interessen, der von der Herrschaft zur Freiheit führt. Für sie ist die Tragik der Herrscher ein Stück Geschichtsdialektik, die Folge der versuchten Vereinbarung des letztlich Unvereinbaren, nämlich des Gesamtinteresses mit der Herrschaft. Ein tragisches Geschichtsbild erscheint dann als eine bürgerliche Drückebergerei, als ein Ausweichen aus lösbaren gesellschaftlichen Aufgaben in privates Mitgefühl mit Individuen der Eliten. Ein Dialog eines nicht-marxistischen Philosophen mit einem marxistischen in den letzten Jahren vollzog sich unter den zwei Aufsatztiteln: „Die Utopie der Herrschaftsfreiheit“ und „Die Utopie des guten Herrschers“. In diesen Dialog tritt Schneider unmittelbar ein. Er hat – wenigstens im größten Teil seines schriftstellerischen Lebens – die Utopie der Herrschaftsfreiheit als eine Hoffnung auf das Ende der Geschichte in der Gnade gesehen, und die Utopie des guten Herrschers als das Leitbild, an dem allein wir uns in der Geschichte, solange sie dauert, orientieren können, wissend, daß sie immer wieder an uns selbst scheitert. Für einen vorübergehenden Augenblick im Anfang der dreißiger Jahre hoffte er auf eine Verhütung der herannahenden politischen Katastrophe durch eine Wiedererrichtung der Monarchie. Aber seine politischen Irrtümer, aus der Verzweiflung über das klar vorausgesehene Unheil geboren, wiegen leicht und wurden rasch einem realistischeren und eben darum düsteren Bild des Geschehens geopfert. Viel wichtiger ist, ob im Grunde er recht hat oder die marxistische Hoffnung oder ob beide sich am Ende treffen. Niemand von uns, die wir in dem gegenwärtigen Geschichtsprozeß verstrickt sind, wird darüber mehr als eine Vermutung äußern können.

Wie die Mehrheit seiner europäisch-bürgerlichen Zeitgenossen nennt Schneider das kritische Phänomen nicht Herrschaft, sondern Macht. Darin stecken die gemeinsamen Jugendeindrücke unserer Generation, darin steckt aber auch ein analytischer Ansatz, den ich hier einen Schritt weit verfolgen möchte. Entkleiden wir das geschichtliche Phänomen der Herrschaft jeder mythischen Überhöhung, so bleiben in ihm noch drei wesentlich verschiedene Strukturelemente zu unterscheiden: erstens die funktionale Notwendigkeit zentraler Planung, zweitens die gesellschaftliche Institution von Rangordnungen zwischen Individuen, Familien und Klassen – und endlich die Dynamik der Macht. Die Problematik des Herrschaftsbegriffs wird erst durchsichtig, wenn wir versuchen, uns eines dieser drei Elemente ohne die beiden anderen als realisiert vorzustellen, oder zwei von ihnen ohne das dritte. Planung, Rangordnung, Macht. Planung ist in einer komplexen Zivilisation notwendig, aber wie anders nimmt sie sich aus, wo sie nicht zum Vehikel der beiden anderen Elemente wird. Der kleine Junge möchte gerne der Mann mit der roten Mütze werden, der auf dem Bahnsteig die Züge abfahren läßt, denn er verwechselt die Funktion mit der Lockung von Rang und Macht. Rangordnungen sind, wie uns die Verhaltensforschung gelehrt hat, tierisches Erbe. Gleichheit der Menschen ist, wo sie gelingt, nicht ein wiederhergestellter Naturzustand, sondern eine hohe gesellschaftliche Leistung. Andererseits sind funktionale Rangordnungen, wo sie vom Bewußtsein der Gleichheit der Menschen als Personen durchleuchtet sind, sehr wohl zu ertragen, ja entlastend. Daß diese Entlastung selbst eine ideologische Bequemlichkeit, der Verzicht auf Emanzipation sein kann, das hat uns Älteren die Kritik der Jungen in den letzten Jahren eingebläut. Ich gebe das unmittelbar zu. Aber die irrationale Dynamik, die sich hinter allen ideologischen Masken verbirgt, ist es eben, die wir mit dem Namen Macht bezeichnen.

Anders als Eigentum, Rang und personale Beziehung, aber ähnlich wie der forschende Intellekt hat der Drang der Macht etwas Grenzenloses an sich. In dieser Grenzenlosigkeit ist er, biologisch gesprochen, ein Humanum, eine mit der Freisetzung des Handlungsspielraums von der instinktiven Vorprägung verbundene spezifische Fähigkeit des Menschen. Die dem Machtdrang innewohnende Nötigung zur unbegrenzten Akkumulation wirkt einerseits völlig irrational, ist aber, wenn sie einmal da ist, im so entstehenden Konkurrenzkampf eine Notwendigkeit. Marx hat diese Notwendigkeit in seiner Analyse der Kapitalakkumulation klar beschrieben. Der vernünftige Zuschauer kann fragen: „Wer schon eine Million verdient hat, welches vernünftige Interesse könnte der haben, noch eine Million zu verdienen?“ Psychologisch kann man antworten: „Nur wer so beschaffen ist, daß er auch die zweite Million wird verdienen wollen, bringt es zustande, die erste zu verdienen.“

Objektiv aber weiß der so Beschaffene, was er tut, in der Ebene nicht der Vernunft, aber des Verstandes. Macht steht im Konkurrenzkampf, sie ist stets bedroht, sie muß also den, der sie hat, mit Angst peinigen, die ihn nötigt, mehr zu akkumulieren, um sich zu schützen. Anders als die meisten Marxisten würde ich meinen, daß die Kapitalakkumulation in der bürgerlichen Gesellschaft ihren letzten Grund nicht im Privateigentum an Produktionsmitteln hat, sondern daß dieses Privateigentum bloß die Form war, in der die Bürger Zugang zu Macht bekamen. Funktionäre bürokratischer Staaten verhalten sich im Machtkampf mit anderen Mitteln doch nicht wesentlich anders. Der Unterschied ist, daß sich der Kapitalismus offen zu dieser Form der Machtakkumulation bekennt, und, vermutlich irrig, hofft, sie dadurch auf einen erträglichen Bereich einzuschränken. Die Versuchung des Kapitalismus ist der Zynismus, die Versuchung des Sozialismus der Zwang zur Lüge.

Solche Betrachtungen zeigen ein Problem und nicht die Lösung. Bis jetzt habe ich damit zurückgehalten, Reinhold Schneider als das zu bezeichnen, was er doch war, als einen Christen. Jeder von uns kannte in der Zeit des Nationalsozialismus das von Hand zu Hand weitergereichte Sonett, das ich hier ganz zitieren möchte:

Allein den Betern kann es noch gelingen,
Das Schwert ob unsern Häuptern aufzuhalten
Und diese Welt den richtenden Gewalten
Durch ein geheiligt Leben abzuringen.

Denn Täter werden nie den Himmel zwingen:
Was sie vereinen, wird sich wieder spalten,
Was sie erneuern, über Nacht veralten,
Und was sie stiften, Not und Unheil bringen.

Jetzt ist die Zeit, da sich das Heil verbirgt,
Und Menschenhochmut auf dem Markte feiert,
Indes im Dom die Beter sich verhüllen,

Bis Gott aus unsern Opfern Segen wirkt
Und in den Tiefen, die kein Aug' entschleiert
Die trocknen Brunnen sich mit Leben füllen.

Ich weiß nicht, wie die versunkene Sprachform und Bilderwelt dieses Gedichts heute auf junge Leser wirkt. Vermutlich erschwert sie den Zugang, während sie ihn manchen meiner Generation erleichterte. Man sollte vielleicht daran erinnern, daß in der Wahl der Sonettform eigentlich eine Bescheidenheit lag, die ohne den

Anspruch formaler Originalität sachlich und geregelt den Inhalt aussprechen wollte. Und auf manche der Beter im Dom wartete damals das Konzentrationslager. Aber uns geht auch hier nur der Wahrheitsspruch an.

Die Täter, deren Werk scheitern wird, das sind alle Baumeister der Macht, nicht nur Hitler, sondern auch die, die ihn schließlich besiegt haben und die heute das politische Schicksal bestimmen. Woher die unerträgliche Gewißheit einer solchen Behauptung?

Reinhold Schneider hatte das tragische Bild der Geschichte gesehen und gezeichnet. Dann erst wurde er im Bewußtsein Christ. Der Inselverlag hatte ihm ein kleines Buch über deutsche Städte unter dem Titel „Kreuzwege deutscher Geschichte" vorgeschlagen, und er widersprach. „Es widerstrebte mir durchaus, die deutsche Geschichte unter das Kreuz zu stellen. Auch ich wollte mich nicht darunter stellen, ich wollte nicht Christ sein. Ich mußte es werden. Denn ich war es von Anfang." „Aber ich schlug an einem Weihnachtsabend in Potsdam die Heilige Schrift auf – ich hatte sie mir als Knabe in Luthers Übersetzung gekauft – und floh nach wenigen Kapiteln auf die kalte dunkle Straße. Denn es war ja klar: Unter diesem Anspruch der Wahrheit kehrt sich das Leben um. Dieses Buch kann man nicht lesen – ... Man kann es nur tun ... Und es ist unmöglich, auch nur eine Zeile zu begreifen, ohne den Entschluß, sie zu vollziehen." „Während der Arbeit an meinem Buche (Das Inselreich) las ich neben den Quellen nur Shakespeare und die griechischen Tragiker; ich machte mir das zu einem strengen Gesetz. Das Tragische widerspricht dem Christentum nicht. Auf seinem eigensten Boden: dem repräsentativen Ort abendländischer Geschichte war ich vor das Kreuz gelangt. Und nun enthüllte sich auch das Kreuz, das von Anfang an in meinem Leben stand. An einem Neujahrstag, 37 oder 38, ging ich in Potsdam zum erstenmal zur heiligen Messe seit vielleicht zwanzig Jahren. Ich kam wie einer, der die Sprache verlernt hat, in die Heimat. Aber ich hatte die Sprache der Heimat nie erlernt, und nun, langsam, indem sich mir alle Lebensumstände umkehrten, versuchte ich sie zu lernen. Ich war auf die objektive Wahrheit gestoßen, die Wahrheit in Fleisch und Blut und zugleich göttliche außerweltliche Macht. Sie ist für mich die einzige Macht, die ein Leben aus den Angeln heben kann" (Verhüllter Tag, S. 129–134).

Das ist die Stimme religiöser Erfahrung. Wer darf ihr widersprechen? Aber wer kann ihr folgen? So hatte Schneider selbst in seinem bisherigen Dasein diese Stimme aus dem Munde der Tradition vielfältig gehört und hatte sie respektvoll von sich fortgeschoben, hatte sie ins Humane, ins Ethische, ins Tragische relativiert. Wer sein Buch liest, wer diesen Vortrag hört, wird nichts anderes mit ihr tun können. Aber er wird wissen wollen, welches Leben und welche Erkenntnis Schneider unter dem Eindruck dieser Erfahrung gewann.

Die religiöse Erfahrung unterwirft den Menschen nicht einem von außen kommenden und eben darum ihm nur zum Teil angemessenen Gesetz. Sie ist die durch die Unmöglichkeit hindurchgegangene und darum verwandelnde Ermöglichung seines eigensten Seins. Reinhold Schneider als diese einmalige Person war ein liebender Leidender. „Christus hat das Leiden vergöttlicht... Und mit den Wundmalen wird er vor uns, vor den Spielern des ausgespielten Weltdramas, erscheinen. Dieser Anblick wird uns vernichten. Dieser Anblick wird uns retten. Aber auf die Verehrung des vergöttlichten Leidens war meine tiefste Natur gerichtet; nichts war mir so gemäß, denn, wie Gregor der Große sagt, einem dunklen Gemüt kann nur durch den Anblick des Leidens geholfen werden. Es war nur die Härte der unverrückbaren Wahrheit, die meinen Protest erregte. Wir wollen nicht sein, was wir sein sollen, und wir wollen es doch. Die Zeit arbeitete mit. Sie war das furchtbare Werkzeug der Gnade... Das Leiden in den Lagern und Gefängnissen ging mir nun nicht mehr von der Seele. Da ich dies schreibe, finde ich das Wort Taulers: ‚Wohin Gott durch das Leiden mit dem Menschen wolle, dahin folge er Gott und ergebe sich in seinen göttlichen Willen'" (Verhüllter Tag, S. 130–131). Ich verkenne nicht den gefährlichen Ton einer Mystik der Trauer in diesen Worten. Aber mit dieser Fähigkeit, mitzuleiden, schrieb Schneider nun im Krieg Gedichte und kleine Texte, die in Zehntausenden von Exemplaren, immer wieder abgeschrieben, durchs Land gingen und vielen Menschen Hilfe gaben. „Ein Gebetszusammenhang stellte sich her, der gewiß das schönste mir zuteil gewordene Geschenk war – echte Geschenke sind unverdient; es war wie ein verborgenes Reich, in dem ich mich beheimatet fühlte" (Verhüllter Tag, S. 185).

Für einige der Menschen, die so im Krieg miteinander verbunden waren, war das Kriegsende in allem Elend des Zusammenbruchs eine aufleuchtende Hoffnung und wurde die Restauration, der Wiederbeginn der Normalität der modernen Gesellschaft, eine in mancher Hinsicht schwerere Probe, als es die Extreme der zwölf Jahre gewesen waren. Zu ihnen gehörte Reinhold Schneider. Klare Einsichten nötigten ihn, Schritt für Schritt wieder aus der Heimat auszuziehen, die er gefunden hatte. Für uns andere ist diese letzte Phase seines Lebens vielleicht die wichtigste.

Daß ein Mensch, der durch religiöse Erfahrung in die Kirche geführt worden ist, in ihr nicht nur Heimat, sondern auch Feindschaft findet, ist eine alte Tatsache. Nach dem Krieg geschah in unserem Land eine völlig unverständliche und doch unheimliche Entwicklung. Der politische Wiederaufbau lehnte sich ausdrücklich ans Christentum an; er kompromittierte damit zwangsläufig das Christentum mit der Problematik einer weltlich restaurativen Politik. Schneider sprach die Sorge über das erneute Vertrauen auf Waffen aus, und es entstand für einige Monate ein Pressewirbel gegen ihn, ein „Fall Reinhold Schneider". Später, 1956, erhielt er den Friedenspreis des deutschen Buchhandels und zeigte in seiner Rede in der Paulskirche die neuen Horizonte, die sich ihm eröffnet hatten. Ich zitiere einige Stellen.

„Geschichtsbetrachtung? Philosophie? Aber die Führung liegt ja gar nicht mehr in solchen Händen. Die führende Geistesmacht dieser Epoche ist die Naturwissenschaft ... Nun aber ist es eine Fiktion, daß die im höchsten Grad bewundernswerte Leistung der Naturwissenschaft, die eigentlich geniale, in der Sternstunde stehende dieses Jahrhunderts, eine freie sei, also wirklich führen könne. Frei ist nur das sittliche Bewußtsein. Und der Preis der Freiheit ist immer der Tod, die Bereitschaft dazu. Die Proteste der Forscher, ihre Angst und ihre Warnungen vor den Folgen ihrer Entdeckungen sind ergreifend und gewiß durchaus ernst gemeint. Es fehlt ihnen aber in gleichem Maße die Durchschlagskraft wie den Warnungen der Kirche: weil nämlich die Bereitschaft oder auch nur die Möglichkeit unbedingten Neins in ihnen nicht enthalten ist ..."

„Die These aber, daß der Feind mit der böseren Waffe niedergehalten werden könne und müsse, ist entweder Wahn oder Unaufrichtigkeit. Denn die Welt ist ja längst ein Ganzes geworden; Erfindungen teilen sich lautlos mit ..."

„Geschichtlichen Katastrophen pflegen Devisen vorauszulaufen oder vorangeschickt zu werden, die die Situation entstellen, indem sie sie vereinfachen. Eine solche ist die Alternative: Freiheit oder Leben? ..."

„Alle Katastrophen der Geschichte haben sich im Geistigen und Sittlichen ereignet, ehe sie sich in materiellen Machtkämpfen dargestellt haben."

Schneider weiß, daß er der heute bestehenden Weltordnung keinen für sie praktikablen Friedensvorschlag unterbreiten kann: Er zitiert Kants Gedanken zum Frieden. „Da er ihn, wie er wohl wußte, in der Welt nicht herbeiführen konnte, so versuchte er es wenigstens auf seine ironisch-gütige Weise, in der Anmut seiner Humanität, mit der Verkündigung eines ewigen Friedens in der Philosophie... Der Friede, sagt er, wäre nicht nur bewirkt, sondern für alle Zukunft gesichert, wenn das Gebot „Du sollst nicht lügen“ Grundsatz werden würde. Und somit bleibt einem jeden von uns das wichtigste Friedenswerk überlassen – und es steht einem jeden frei, die Resonanz zu beobachten, die das Geschehen in uns und um uns, in der Ganzen Welt, im Raume solchen Ernstes, solcher Sittlichkeit hat.

„Und das ist ja der Inhalt der uns von dieser Stunde auferlegten Einsicht, daß geschehen muß, was noch nie geschehen ist, wenn die Welt, die wir vor uns sehen, die wir lieben, der wir dienen möchten, gerettet werden soll.“

Man kann drei der letzten Bücher Schneiders als einen in drei Schritten vollzogenen Abschied von der Welt, die er geliebt hat, verstehen. Die Selbstbiographie „Verhüllter Tag“ nimmt gleichsam Abschied von seinem persönlichen Leben und der Zeit, in der er gewirkt hat. Die Schrift „Der Balkon“ nimmt, indem sie den Abbruch seines elterlichen Hotels in Baden-Baden beschreibt, Abschied von der bürgerlichen Welt, der er entstammt. Sie schildert Wilhelm den Ersten, der jahrzehntelang in diesem Hotel zur Kur abstieg, konfrontiert Bismarck und Lassalle und zeigt, wie diese Reichsgründung, die im Sozialen versagte und von der Angst vor der Revolution bestimmt war, nicht dauern konnte. Die Stimmung des Abschieds ist sehr stark in diesem Buch. Das unerträgliche Fortschreiten des physischen Leidens und das nicht verhehlte Entgleiten religiöser Glaubenssätze gehen geheimnisvoll zusammen mit einer Leichtigkeit, ja Heiterkeit, die der schwerblütige Schriftsteller früher nie besaß.

Dies müssen wir spüren, wenn wir den dritten und größten Abschied verstehen wollen, den das Tagebuch des letzten halben Lebensjahres „Winter in Wien“ ausspricht. Wien ist die Hauptstadt des Reichs. Schneider hatte sich auf all seinen Reisen im ganzen Europa stets von Wien ferngehalten, aus zu großer Nähe heraus. Nun geht er nach Wien, und das Tagebuch spiegelt den schmerzlich-schmerzlosen Abschied vom Reich, also von seinen eigentlichen politischen Gedanken. Dieser Abschied ist eingehüllt und ermöglicht in einem größeren Abschied. Ich kann ihn nur durch Zitate aussprechen.

„Ich habe mich in dem Verdacht, dasein zu müssen als Vorbote des Entsetzlichen, gegen das keine Warnung und keine Bitte hilft“ (S. 277).

„Wie spät versteht man einen Freund: Man gerät, zwölf Jahre

nach seinem schauerlichen Tod, auf seine Wege, in die Räume, in denen er zu Hause war; und nun erst, im gemäßen Medium, leuchtet sein Bild auf, und auf ein jedes der wenigen Worte, die das Gedächtnis noch wiederholen kann, fällt der erklärende Akzent. Verhält es sich aber so in der kurzen Spanne eigener Erfahrung, so müßte es uns klarwerden, wie barbarisch wir uns gegen die Vergangenheit verhalten. Es stimmt kein einziges Wort, das wir von ihr sagen und schreiben: nicht ein einziges Wort ist wahr" (S. 258).

„Vielleicht ist die Erkenntnis, daß etwas getan werden muß, was nicht getan werden kann, der wesentliche Gehalt unserer Zeit: Wir sind dort, wo Geschichte, wo die gläubige Existenz in der Geschichte ad absurdum geführt werden; wo eine seit Jahrtausenden bestehende und verschwiegene Problematik endlich durchbricht; wo der Kranke sich endlich seine Krankheit eingestehen muß" (S. 159).

„Man muß beten, auch wenn man es nicht kann. Ich kann sehr wohl beten für andre, die Priester, Forscher, Staatsmänner, die Völker, die Kreatur, die Erde; für die Kranken zuerst, und für die Toten; das ist die stille Betätigung eines rätselvollen Zusammenhangs. Ich habe ein tiefes Bedürfnis danach, es ist das, was mich hält, was mich morgens in die Kirche ruft; für mich kann ich nicht beten, und des Vaters Antlitz hat sich ganz verdunkelt; es ist die schreckliche Maske des Zerschmeißenden, des Keltertreters; ich kann eigentlich nicht ‚Vater' sagen. Marc Aurel und Epiktet beteten, ohne an Unsterblichkeit zu glauben ... Ihnen genügte der Kosmos, in den sie sich fügten. Aber unser Bild des Kosmos, das unabweisbare, kannten sie nicht" (S. 119).

„Das Phänomen ‚Leben'. Die Gottesanbeterin hat den Kopf des Männchens verspeist und sättigt sich nun am Vorderleib, während der Hinterleib sie begattet. (Welche Versklavung aller Kreatur! Blutdurst der Tanzfliegen zur Begattungszeit.)" (S. 201.)

„Wollte ich, was sich in mir während dieses Winters ereignet, im Gespräch mit dem Phänomen Wien pathetisch ausdrücken, so müßte ich von einem inneren Unfall sprechen, vom Einbruch der dunklen Wasser in einen leer gewordenen Raum, einem Einbruch also von unten her. Man blickt nicht ungestraft in den Kosmos, die Tiefsee, die Geschichte – vielleicht auch nicht ungestraft in sich selbst, in den Menschen. Was mich überrascht, ist, daß ich keine Bangnis empfinde; daß es mich beruhigt, dort wieder anzulangen, wo ich in Jünglingsjahren war. Freilich: keine Vermessenheit! Dem Himmel ist so wenig zu trauen wie den Nerven; der inneren Resistenz; schon glimmen die verdächtigen Farben über dem Gespensterrad des Prater. Ich behaupte nicht, daß ich stärker bin als der Föhn" (S. 110).

„... während der Hochmeister die Hostie, den Kelch erhebt... Ich fühle mich aus dieser Wirklichkeit, diesem Wahrheitsbereich gleiten, ohne Einwand, immer in Verehrung und Dankbarkeit, ohne jegliche Rebellion, aber eben doch für mich, gezogen von meinem Daseinsgewicht, mit geschlossenen Augen, verschlossenem Mund" (S. 113).

Darf man solche Sätze noch kommentieren? Man muß es tun. Einige von Schneiders christlichen Freunden haben diese seine letzten Gedanken als eine Art Unsicherwerden aufgefaßt, das durch sein schweres Leiden begreiflich sei und doch den Kern des christlichen Glaubens nicht betreffe. So verständlich diese Reaktion ist, so unzureichend ist sie. Sie beraubt uns der Teilhabe an Schneiders Erkenntnis, die er, indem er diese Aufzeichnungen für den Druck bestimmte, offensichtlich mit uns teilen wollte.

Zunächst ist in diesen Formulierungen keine Unsicherheit, kein Erlahmen der Kraft zu erkennen. Sie sprechen etwas klar Gesehenes ohne Schwanken aus. In Wahrheit hat Reinhold Schneider in seinen letzten Lebensjahren, zwanzig Jahre nach seiner christlichen Bekehrung, noch einmal den Mut und die Kraft besessen, sich der Härte einer unverrückbaren Wahrheit zu stellen, die seinen Protest erregte. Diese Wahrheit hat eine geschichtliche und eine kosmische Gestalt, und in beiden Gestalten ist sie durch die Naturwissenschaft vermittelt.

Die geschichtliche Forschung drückt sich ihm so aus, daß etwas getan werden muß, was nicht getan werden kann. Zum Symbol dieser Notwendigkeit wurde ihm, wie so vielen von uns in den fünfziger Jahren, die Atombombe. Die Kompromißlosigkeit des gegenständlichen Denkens der Naturwissenschaft hat eine technische Revolution hervorgebracht, die uns nicht erlaubt, mit den politischen und ethischen Kompromissen weiterzuleben, die unsere bisherige Geschichte geprägt haben. Die Atombombe als Erkenntnis kann nicht mehr abgeschafft werden, darum verlangt sie, den Krieg als Lebensform abzuschaffen. Die politischen Details dieses langen Weges, auf dessen ersten Stadien wir uns heute noch befinden, waren nicht Bestandteile von Schneiders Denken. Aber er wußte genug von den seelischen Dynamismen der Macht, um zu wissen, daß die Überwindung des Kriegs weder durch kluge Diplomatie noch durch einen letzten Machtkampf gelingen wird.

Fast noch erschütternder war für Schneider zuletzt der kosmische Aspekt der Naturwissenschaft. Das antik-mittelalterliche, von der christlichen Kirche bewahrte Bild der Welt als eines zweckvoll geordneten Hauses, korreliert der Vorstellung eines fürsorglichen Schöpfer- und Vatergottes, zerbrach ihm mit dem Blick in die Weiten des Kosmos und die Schrecken des Kampfs ums Dasein. Im sechsten Lebensjahrzehnt leistete Reinhold Schneider die Wandlung, ein moderner Mensch zu werden. Diese Wandlung war für ihn schwer, weil er all das wußte und festhielt, was das moderne Bewußtsein in seiner oberflächlichen Form vergißt, d.h. verdrängt. Er wußte, daß es für den Menschen keine Erlösung gibt, wenn er nicht seine persönliche Schuld als seine eigene Schuld bewußt auf sich nimmt. Wie beides zusammen zu denken sei, wußte er nicht mehr. Er sah nun die beiden Gesichter Gottes, des Erhalters und des Zerstörers, wie sie die Inder sehen. In diesem Augenblick, den er nicht auflösen konnte, ist er gestorben.

Aus dem Ton seiner letzten Schriften möchte ich – wenn es erlaubt und möglich ist, so tief ins Biographische zu dringen – schließen, daß Schneider nicht an der Unauflösbarkeit des Rätsels gestorben ist, sondern daß der herannahende Tod ihm die Augen geöffnet hat, etwas zu sehen, was in seinem bisherigen Denken verdeckt bleiben mußte und doch eine verborgene Quelle der Qual für ihn gewesen war. Der etwas übertrieben fordernde Ton seiner christlichen Versicherungen, der der Sprache von Neubekehrten oft so eigen ist, wird jetzt von ihm genommen. Das Rätsel des Leidens wird nicht gelöst, indem es aus dem undurchdringlichen Heilsplan Gottes in der Menschengeschichte in die Weite des Kosmos zurückgeschoben wird. Aber in die Brüderlichkeit, die für Schneider dem leidenden Menschen gegenüber immer natürlich war, wird nun alles Lebendige einbezogen. Reinhold Schneider, der sich nicht mehr bewahren muß, sieht.

Immanuel Kant

ZUM EWIGEN FRIEDEN

1795

Ob diese satirische Überschrift auf dem Schilde jenes holländischen Gastwirts, worauf ein Kirchhof gemalt war, für die *Menschen* überhaupt oder besonders die Staatsoberhäupter, die des Krieges nie satt werden können, oder wohl gar nur die Philosophen gelte, die jenen süßen Traum träumen, mag dahingestellt sein. Das bedingt sich aber der Verfasser des Gegenwärtigen aus, daß, da der praktische Politiker mit dem theoretischen auf dem Fuß steht, mit großer Selbstgefälligkeit auf ihn als einen Schulweisen herabzusehen, der dem Staate, welcher von Erfahrungsgrundsätzen ausgehen müsse, mit seinen sachleeren Ideen keine Gefahr bringe, und den man immer seine eilf Kegel auf einmal werfen lassen kann, ohne daß sich der *weltkundige* Staatsmann daran kehren darf, dieser auch im Fall eines Streites mit jenem sofort konsequent verfahren müsse, hinter seinen auf gut Glück gewagten und öffentlich geäußerten Meinungen nicht Gefahr für den Staat zu wittern; – durch welche *Clausula salvatoria* der Verfasser dieses sich dann hiemit in der besten Form wider alle bösliche Auslegung ausdrücklich verwahrt wissen will.

Erster Abschnitt, welcher die Präliminarartikel zum ewigen Frieden unter Staaten enthält

1. „*Es soll kein Friedensschluß für einen solchen gelten, der mit dem geheimen Vorbehalt des Stoffs zu einem künftigen Kriege gemacht worden.*“

Denn alsdann wäre er ja ein bloßer Waffenstillstand, Aufschub der Feindseligkeiten, nicht *Friede,* der das Ende aller Hostilitäten bedeutet und dem das Beiwort *ewig* anzuhängen ein schon verdächtiger Pleonasmus ist. Die vorhandenen, obgleich jetzt vielleicht den Paziszierenden selbst noch nicht bekannten Ursachen zum künftigen Kriege sind durch den Friedensschluß insgesamt vernichtet; sie mögen auch aus archivarischen Dokumenten mit noch so scharfsichtiger Ausspähungsgeschicklichkeit ausgeklaubt sein. – Der Vorbehalt (reservatio mentalis) alter allererst künftig auszudenkender Prätensionen, deren kein Teil für jetzt Erwähnung tun mag, weil beide zu sehr erschöpft sind, den Krieg fortzusetzen, bei dem bösen Willen, die erste günstige Gelegenheit zu diesem Zweck zu benutzen, gehört zur Jesuitenkasuistik und ist unter der Würde der Regenten, sowie die Willfährigkeit zu dergleichen Deduktionen unter der Würde eines Ministers desselben, wenn man die Sache, wie sie an sich selbst ist, beurteilt. –

Wenn aber, nach aufgeklärten Begriffen der Staatsklugheit, in beständiger Vergrößerung der Macht, durch welche Mittel es auch sei, die wahre Ehre des Staats gesetzt wird, so fällt freilich jenes Urteil als schulmäßig und pedantisch in die Augen.

2. *„Es soll kein für sich bestehender Staat (klein oder groß, das gilt hier gleichviel) von einem andern Staate durch Erbung, Tausch, Kauf oder Schenkung erworben werden können.“*

Ein Staat ist nämlich nicht (wie etwa der Boden, auf dem er seinen Sitz hat) eine Habe (patrimonium). Er ist eine Gesellschaft von Menschen, über die niemand anders als er selbst zu gebieten und zu disponieren hat. Ihn aber, der selbst als Stamm seine eigene Wurzel hatte, als Pfropfreis einem andern Staate einzuverleiben, heißt seine Existenz als einer moralischen Person aufheben und aus der letzteren eine Sache machen und widerspricht also der Idee des ursprünglichen Vertrags, ohne die sich kein Recht über ein Volk denken läßt[1]. In welche Gefahr das Vorurteil dieser Erwerbungsart Europa, denn die andern Weltteile haben nie davon gewußt, in unsern bis auf die neuesten Zeiten gebracht habe, daß sich nämlich auch Staaten einander heiraten könnten, ist jedermann bekannt, teils als eine neue Art von Industrie, sich auch ohne Aufwand von Kräften durch Familienbündnisse übermächtig zu machen, teils auch auf solche Art den Länderbesitz zu erweitern. – Auch die Verdingung der Truppen eines Staates an einen andern gegen einen nicht gemeinschaftlichen Feind ist dahin zu zählen; denn die Untertanen werden dabei als nach Belieben zu handhabende Sachen gebraucht und verbraucht.

---

[1] Ein Erbreich ist nicht ein Staat, der von einem andern Staate, sondern dessen Recht zu regieren an eine andere physische Person vererbt werden kann. Der Staat erwirbt alsdann einen Regenten, nicht dieser als ein solcher (d. i. der schon ein anderes Reich besitzt) den Staat.

3. „*Stehende Heere (miles perpetuus) sollen mit der Zeit ganz aufhören.*"

Denn sie bedrohen andere Staaten unaufhörlich mit Krieg durch die Bereitschaft, immer dazu gerüstet zu erscheinen; reizen diese an, sich einander in Menge der Gerüsteten, die keine Grenzen kennt, zu übertreffen, und indem durch die darauf verwandten Kosten der Friede endlich noch drückender wird als ein kurzer Krieg, so sind sie selbst Ursache von Angriffskriegen, um diese Last loszuwerden; wozu kommt, daß zum Töten oder getötet zu werden in Sold genommen zu sein, einen Gebrauch von Menschen als bloßen Maschinen und Werkzeugen in der Hand eines andern (des Staats) zu enthalten scheint, der sich nicht wohl mit dem Rechte der Menschheit in unserer eigenen Person vereinigen läßt[2]. Ganz anders ist es mit der freiwilligen periodisch vorgenommenen Übung der Staatsbürger in Waffen bewandt, sich und ihr Vaterland dadurch gegen Angriffe von außen zu sichern. – Mit der Anhäufung eines Schatzes würde es ebenso gehen, daß er, von andern Staaten als Bedrohung mit Krieg angesehen, zu zuvorkommenden Angriffen nötige (weil unter den drei Mächten, der *Heeresmacht*, der *Bundesmacht* und der *Geldmacht*, die letztere wohl das zuverlässigste Kriesgswerkzeug sein dürfte), wenn nicht die Schwierigkeit, die Größe desselben zu erforschen, dem entgegenstände.

4. „*Es sollen keine Staatsschulden in Beziehung auf äußere Staatshändel gemacht werden.*"

Zum Behuf der Landesökonomie (der Wegebesserung, neuer Ansiedelungen, Anschaffung der Magazine für besorgliche Mißwachsjahre usw.) außerhalb oder innerhalb dem Staate Hilfe zu suchen, ist diese Hilfsquelle unverdächtig. Aber als entgegenwirkende Maschine der Mächte gegeneinander, ist ein Kreditsystem ins Unabsehliche anwachsender und doch immer für die gegenwärtige Forderung (weil sie doch nicht von allen Gläubigern auf einmal geschehen wird) gesicherter Schulden – die sinnreiche Erfindung eines handeltreibenden Volks in diesem Jahrhundert – eine gefährliche Geldmacht, nämlich ein Schatz zum Kriegführen, der die Schätze aller andern Staaten zusammengenommen übertrifft, und nur durch den einmal bevorstehenden Ausfall der Taxen (der doch auch durch die

---

2 So antwortete ein bulgarischer Fürst dem griechischen Kaiser, der den Zwist mit ihm nicht durch Vergießung des Bluts seiner Untertanen, sondern gutmütigerweise durch einen Zweikampf abmachen wollte: „Ein Schmied, der Zangen hat, wird das glühende Eisen aus den Kohlen nicht mit den Händen herausnehmen." (Diese Anmerkung fehlt in der zweiten Auflage.)

Behebung des Verkehrs, vermittelst der Rückwirkung auf Industrie und Erwerb noch lange hingehalten wird) erschöpft werden kann. Diese Leichtigkeit, Krieg zu führen, mit der Neigung der Machthabenden dazu, welche der menschlichen Natur eingeartet zu sein scheint, verbunden, ist also ein großes Hindernis des ewigen Friedens, welches zu verbieten um desto mehr ein Präliminarartikel desselben sein müßte, weil der endlich doch unvermeidliche Staatsbankerott manche andere Staaten unverschuldet in den Schaden mit verwickeln muß, welches eine öffentliche Läsion der letzteren sein würde. Mithin sind wenigstens andere Staaten berechtigt, sich gegen einen solchen und dessen Anmaßungen zu verbünden.

5. *„Kein Staat soll sich in die Verfassung und Regierung eines andern Staats gewalttätig einmischen.“*

Denn was kann ihn dazu berechtigen? Etwa das Skandal, was er den Untertanen eines andern Staats gibt? Es kann dieser vielmehr durch das Beispiel der großen Übel, die sich ein Volk durch seine Gesetzlosigkeit zugezogen hat, zur Warnung dienen; und überhaupt ist das böse Beispiel, was eine freie Person der andern gibt (als scandalum acceptum), keine Läsion derselben. – Dahin würde zwar nicht zu ziehen sein, wenn ein Staat sich durch innere Veruneinigung in zwei Teile spaltete, deren jeder für sich einen besonderen Staat vorstellt, der auf das Ganze Anspruch macht; wo einem derselben Beistand zu leisten einem äußern Staat nicht für Einmischung in die Verfassung des andern (denn es ist alsdann Anarchie) angerechnet werden könnte. Solange aber dieser innere Streit noch nicht entschieden ist, würde diese Einmischung äußerer Mächte Verletzung der Rechte eines nur mit seiner innern Krankheit ringenden, von keinem andern abhängigen Volks, selbst also ein gegebenes Skandal sein und die Autonomie aller Staaten unsicher machen.

6. *„Es soll sich kein Staat im Kriege mit einem andern solche Feindseligkeiten erlauben, welche das wechselseitige Zutrauen im künftigen Frieden unmöglich machen müssen, als da sind: Anstellung der Meuchelmörder (percussores), Giftmischer (venefici), Brechung der Kapitulation, Anstiftung des Verrats (perduellio) in dem bekriegten Staat etc.“*

Das sind ehrlose Stratagemen. Denn irgendein Vertrauen auf die Denkungsart des Feindes muß mitten im Kriege noch übrigbleiben, weil sonst auch kein Friede abgeschlossen werden könnte, und die Feindseligkeit in einen Ausrottungskrieg (bellum internecinum) ausschlagen würde; da der Krieg doch nur das traurige Notmittel im Naturzustande ist (wo kein Gerichtshof vorhanden ist, der rechtskräftig urteilen könnte), durch Gewalt sein Recht zu behaupten; wo keiner von beiden Teilen für einen ungerechten Feind erklärt werden kann (weil das schon einen Richterspruch voraussetzt), sondern der *Ausschlag* desselben (gleich als vor einem sogenannten Gottesgerichte) entscheidet, auf wessen Seite das Recht ist; zwischen Staaten aber sich kein Bestrafungskrieg (bellum punitivum) denken läßt (weil zwischen ihnen kein Verhältnis eines Obern zu einem Untergebenen stattfindet). – Woraus denn folgt: daß ein Ausrottungskrieg, wo die Vertilgung beide Teile zugleich und mit dieser auch alles Rechts treffen kann, den ewigen Frieden nur auf dem großen Kirchhofe der Menschengattung stattfinden lassen würde. Ein solcher Krieg also, mithin auch der Gebrauch der Mittel, die dahin führen, muß schlechterdings unerlaubt sein. – Daß aber die genannten Mittel unvermeidlich dahin führen, erhellt daraus: daß jene höllischen Künste, da sie an sich selbst niederträchtig sind, wenn sie in Gebrauch gekommen, sich nicht lange innerhalb der Grenze des Krieges halten, wie etwa der Gebrauch der Spione (uti exploratoribus), wo nur die Ehrlosigkeit *anderer* (die nun einmal nicht ausgerottet werden kann) benutzt wird, sondern auch in den Friedenszustand übergehen und so die Absicht desselben gänzlich vernichten würden.

*

Obgleich die angeführten Gesetze objektiv, d.i. in der Intention der Machthabenden, lauter *Verbotgesetze* (leges prohibitivae) sind, so sind doch einige derselben von der *strengen,* ohne Unterschied der Umstände geltenden Art (leges strictae), die *sofort* auf Abschaffung dringen (wie Nr. 1, 5, 6); andere aber (wie Nr. 2, 3, 4), die zwar nicht als Ausnahmen von der Rechtsregel, aber doch in Rücksicht auf die *Ausübung* derselben, durch die Umstände, *subjektiv* für die Befugnis erweiternd (leges latae), und Erlaubnisse enthalten, die Vollführung *aufzuschieben,* ohne doch den Zweck aus den Augen zu verlieren, der diesen Aufschub, z.B. der *Wiedererstattung* der gewissen Staaten nach Nr. 2 entzogenen Freiheit, nicht auf den Nimmertag (wie August zu versprechen pflegte, ad calendas graecas) auszusetzen, mithin die Nichterstattung, sondern nur, damit sie nicht übereilt und so der Absicht selbst zuwider geschehe, die Verzögerung erlaubt. Denn das Verbot betrifft hier nur *die Erwerbungsart,* die fernerhin nicht gelten soll, aber nicht den *Besitzstand,* der, ob er zwar nicht den erforderlichen Rechtstitel hat, doch zu seiner Zeit (der putativen Erwerbung) nach der damaligen öffentlichen Meinung von allen Staaten für rechtmäßig gehalten wurde[3].

Zweiter Abschnitt, welcher die Definitivartikel zum ewigen Frieden unter Staaten enthält

Der Friedenszustand unter Menschen, die nebeneinander leben, ist kein Naturstand (status naturalis), der vielmehr ein Zustand des Krieges ist, d.i. wenngleich nicht immer ein Ausbruch der Feindse-

---

[3] Ob es außer dem Gebot (leges praeceptivae) und Verbot (leges prohibitivae) noch *Erlaubnisgesetze* (leges permissivae) der reinen Vernunft geben könne, ist bisher nicht ohne Grund bezweifelt worden. Denn Gesetze überhaupt enthalten einen Grad objektiver praktischer Notwendigkeit, Erlaubnis aber einen der praktischen Zufälligkeit gewisser Handlungen; mithin würde ein *Erlaubnisgesetz* Nötigung zu einer Handlung zu dem, wozu jemand nicht genötigt werden kann, enthalten, welches, wenn das Objekt des Gesetzes in beiderlei Beziehung einerlei Bedeutung hätte, ein Widerspruch sein würde. – Nun geht aber hier im Erlaubnisgesetze das vorausgesetzte Verbot nur auf die künftige Erwerbungsart eines Rechts (z. B. durch Erbschaft), die Befreiung aber von diesem Verbot, d.i. die Erlaubnis, auf den gegenwärtigen Besitzstand, welcher letztere im Überschritt aus dem Naturzustande in den bürgerlichen als ein, obwohl unrechtmäßiger, dennoch *ehrlicher Besitz* (possessio putativa) nach einem Erlaubnisgesetze des Naturrechts noch fernerhin fortdauern kann: obgleich ein putativer Besitz, sobald als er als ein solcher erkannt worden, im Naturzustande, imgleichen eine ähnliche Erwerbungsart im nachmaligen bürgerlichen (nach geschehenem Überschritt) verboten ist, welche Befugnis des fortdauernden Besitzes nicht stattfinden würde, wenn eine solche vermeintliche Erwerbung im bürgerlichen Zustande geschehen wäre; denn da würde er, als Läsion, sofort nach Entdeckung seiner Unrechtmäßigkeit aufhören müssen.

Ich habe hiemit nur beiläufig die Lehrer des Naturrechts auf den Begriff einer lex permissiva, welcher sich einer systematisch-einteilenden Vernunft von selbst darbietet, aufmerksam machen wollen; vornehmlich da im Zivilgesetze (statuarischen) öfters davon Gebrauch gemacht wird, nur mit dem Unterschiede, daß das Verbotsgesetz für sich allein dasteht, die Erlaubnis aber nicht als einschränkende Bedingung (wie es sollte) in jenes Gesetz mit hineingebracht, sondern unter die Ausnahmen geworfen wird. – Da heißt es dann: dies oder jenes wird verboten: *es sei denn* Nr. 1, Nr. 2, Nr. 3, und so weiter ins Unabsehliche, da Erlaubnisse nur zufälligerweise nicht an einem Prinzip, sondern durch Herumtappen unter vorkommenden Fällen, zum Gesetz hinzukommen; denn sonst hätten die Bedingungen *in die Formel des Verbotsgesetzes* mithineingebracht werden müssen, wodurch es dann zugleich ein Erlaubnisgesetz geworden wäre. – Es ist daher zu bedauern, daß die sinnreiche, aber unaufgelöst gebliebene Preisaufgabe des ebenso weisen als scharfsinnigen Herrn *Grafen von Windischgrätz*, welcher gerade auf das letztere drang, so bald verlassen worden. Denn die Möglichkeit einer solchen (der mathematischen ähnlichen) Formel ist der einzige echte Probierstein einer konsequent bleibenden Gesetzgebung, ohne welche das sogenannte ius certum immer ein frommer Wunsch bleiben wird. – Sonst wird man bloß *generale* Gesetze (die im *allgemeinen* gelten), aber keine universalen (die *allgemein* gelten) haben, wie es doch der Begriff eines Gesetzes zu erfordern scheint.

ligkeiten, doch immerwährende Bedrohung mit denselben. Er muß also *gestiftet* werden; denn die Unterlassung der letzteren ist noch nicht Sicherheit dafür, und ohne daß sie einem Nachbar von dem andern geleistet wird (welches aber nur in einem *gesetzlichen* Zustande geschehen kann), kann jener diesen, welchen er dazu aufgefordert hat, als einen Feind behandeln[4].

Erster Definitivartikel zum ewigen Frieden

Die bürgerliche Verfassung in jedem Staate soll republikanisch sein

Die erstlich nach Prinzipien der *Freiheit* der Glieder einer Gesellschaft (als Menschen), zweitens nach Grundsätzen der *Abhängigkeit* aller von einer einzigen gemeinsamen Gesetzgebung (als Untertanen), und drittens, die nach dem Gesetz der *Gleichheit* derselben *(als Staatsbürger)* gestiftete Verfassung, – die einzige, welche aus der Idee des ursprünglichen Vertrags hervorgeht, auf der alle rechtliche Gesetzgebung eines Volks gegründet sein muß, ist die *republikanische*[5]. Diese ist also, was das Recht betrifft, an sich selbst diejenige,

---

[4] Gemeiniglich nimmt man an, daß man gegen niemand feindlich verfahren dürfe, als nur, wenn er mich schon tätig *lädiert hat,* und das ist auch ganz richtig, wenn beide im *bürgerlich-gesetzlichen* Zustande sind. Denn dadurch, daß dieser in denselben getreten ist, leistet er jenem (vermittelst der Obrigkeit, welche über beide Gewalt hat) die erforderliche Sicherheit. – Der Mensch aber (oder das Volk) im bloßen Naturzustande benimmt mir diese Sicherheit und lädiert mich schon durch eben diesen Zustand, in dem er neben mir ist, obgleich nicht tätig (facto), doch durch die Gesetzlosigkeit seines Zustandes (statu iniusto), wodurch ich beständig von ihm bedroht werde, und ich kann ihn nötigen, entweder mit mir in einen gemeinschaftlich-gesetzlichen Zustand zu treten, oder aus meiner Nachbarschaft zu weichen. – Das Postulat also, was allen folgenden Artikeln zugrunde liegt, ist: Alle Menschen, die aufeinander wechselseitig einfließen können, müssen zu irgendeiner bürgerlichen Verfassung gehören.
Alle rechtliche Verfassung aber ist, was die Personen betrifft, die darin stehen,
1. die nach dem *Staatsbürgerrecht* der Menschen, in einem Volke (ius civitatis),
2. nach dem *Völkerrecht* der Staaten in Verhältnis gegen einander (ius gentium),
3. die nach dem *Weltbürgerrecht,* sofern Menschen und Staaten, in äußerem aufeinander einfließendem Verhältnis stehend, als Bürger eines allgemeinen Menschenstaats anzusehen sind (ius cosmopoliticum). – Diese Einteilung ist nicht willkürlich, sondern notwendig in Beziehung auf die Idee vom ewigen Frieden. Denn wenn nur einer von diesen im Verhältnisse des physischen Einflusses auf den andern und doch im Naturzustande wäre, so würde damit der Zustand des Krieges verbunden sein, von dem befreit zu werden hier eben die Absicht ist.

[5] *Rechtliche* (mithin äußere) *Freiheit* kann nicht, wie man wohl zu tun pflegt, durch die Befugnis definiert werden: alles zu tun, was man will, wenn man nur keinem Unrecht tut. Denn was heißt *Befugnis?* Die Möglichkeit einer Handlung, sofern man dadurch keinem Unrecht tut. Also würde die Erklärung so lauten: Freiheit ist die Möglichkeit

welche allen Arten der bürgerlichen Konstitution ursprünglich zum Grunde liegt; und nun ist nur die Frage: ob sie auch die einzige ist, die zum ewigen Frieden hinführen kann?

Nun hat aber die republikanische Verfassung außer der Lauterkeit ihres Ursprungs, aus dem reinen Quell des Rechtsbegriffs entsprungen zu sein, noch die Aussicht in die gewünschte Folge, nämlich den ewigen Frieden; wovon der Grund dieser ist. – Wenn (wie es in dieser Verfassung nicht anders sein kann) die Beistimmung der Staatsbürger dazu erfordert wird, um zu beschließen, ob Krieg sein solle oder nicht, so ist nichts natürlicher, als daß, da sie alle Drangsale des Krieges über sich selbst beschließen müßten (als da sind: selbst

---

der Handlungen, dadurch man keinem Unrecht tut: folglich ist es leere Tautologie. – Vielmehr ist meine äußere (rechtliche) *Freiheit* so zu erklären: sie ist die Befugnis, keinen äußeren Gesetzen zu gehorchen, als zu denen ich meine Beistimmung habe geben können. – Ebenso ist äußere (rechtliche) *Gleichheit* in einem Staate dasjenige Verhältnis der Staatsbürger, nach welchem keiner den andern wozu rechtlich verbinden kann, ohne daß er sich zugleich dem Gesetz unterwirft, von diesem wechselseitig auf dieselbe Art auch verbunden werden zu *können.* (Vom Prinzip der *rechtlichen* Abhängigkeit, da dieses schon in dem Begriffe einer Staatsverfassung überhaupt liegt, bedarf es keiner Erklärung.) – Die Gültigkeit dieser angebornen, zur Menschheit notwendig gehörenden und unveräußerlichen Rechte wird durch das Prinzip der rechtlichen Verhältnisse des Menschen selbst zu höheren Wesen (wenn er sich solche denkt) bestätigt und erhoben, indem er sich nach ebendenselben Grundsätzen auch als Staatsbürger einer übersinnlichen Welt vorstellt. – Denn was meine Freiheit betrifft, so habe ich, selbst in Ansehung der göttlichen, von mir durch bloße Vernunft erkennbaren Gesetze keine Verbindlichkeit, als nur sofern ich dazu selber habe meine Beistimmung geben können (denn durchs Freiheitsgesetz meiner eigenen Vernunft mache ich mir allererst einen Begriff vom göttlichen Willen). Was in Ansehung des erhabensten Weltwesens außer Gott, welches ich mir etwa denken möchte (einen großen *Äon*), das Prinzip der *Gleichheit* betrifft, so ist kein Grund da, warum, wenn ich in meinem Posten meine Pflicht tue, wie jener Äon es in dem seinigen, mir bloß die Pflicht zu gehorchen, jenem aber das Recht zu befehlen zukommen solle. – Daß dieses Prinzip der *Gleichheit* nicht (sowie das der Freiheit) auch auf das Verhältnis zu Gott paßt, davon ist der Grund dieser, weil dieses Wesen das einzige ist, bei dem der Pflichtbegriff aufhört.

Was aber das Recht der Gleichheit aller Staatsbürger als Untertanen betrifft, so kommt es in Beantwortung der Frage von der Zulässigkeit des *Erbadels* allein darauf an: ob der vom Staat zugestandene *Rang* (eines Untertans vor dem andern) vor dem *Verdienst,* oder dieses vor jenem vorhergehen müsse. – Nun ist offenbar: daß, wenn der Rang mit der Geburt verbunden wird, es ganz ungewiß ist, ob das Verdienst (Amtsgeschicklichkeit und Amtstreue) auch folgen werde; mithin ist es ebensoviel, als ob er ohne alles Verdienst dem Begünstigten zugestanden würde (Befehlshaber zu sein); welches der allgemeine Volkswille in einem ursprünglichen Vertrage (der doch das Prinzip aller Rechte ist) nie beschließen wird. Denn ein Edelmann ist darum nicht sofort ein *edler* Mann. – Was den *Amtsadel* (wie man den Rang einer höheren Magistratur nennen könnte, und den man sich durch Verdienste erwerben muß) betrifft, so klebt der Rang da nicht als Eigentum an der Person, sondern am Posten, und die Gleichheit wird dadurch nicht verletzt; weil, wenn jene ihr Amt niederlegt, sie zugleich den Rang ablegt und unter das Volk zurücktritt. –

zu fechten; die Kosten des Krieges aus ihrer eigenen Habe herzugeben; die Verwüstung, die er hinter sich läßt, kümmerlich zu verbessern; zum Übermaße des Übels endlich noch eine den Frieden selbst verbitternde, nie [wegen naher, immer neuer Kriege] zu tilgende Schuldenlast selbst zu übernehmen), sie sich sehr bedenken werden, ein so schlimmes Spiel anzufangen: dahingegen in einer Verfassung, wo der Untertan nicht Staatsbürger, diese also nicht republikanisch ist, es die unbedenklichste Sache von der Welt ist, weil das Oberhaupt nicht Staatsgenosse, sondern Staatseigentümer ist, an seinen Tafeln, Jagden, Lustschlössern, Hoffesten u. dgl. durch den Krieg nicht das Mindeste einbüßt, diesen also wie eine Art von Lustpartie aus unbedeutenden Ursachen beschließen und der Anständigkeit wegen dem dazu allezeit fertigen diplomatischen Korps die Rechtfertigung desselben gleichgültig überlassen kann.

*

Damit man die republikanische Verfassung nicht (wie gemeiniglich geschieht) mit der demokratischen verwechsle, muß folgendes bemerkt werden. Die Formen eines Staates (civitas) können entweder nach dem Unterschiede der Personen, welche die oberste Staatsgewalt inne haben, oder nach der *Regierungsart* des Volks durch sein Oberhaupt, er mag sein welcher er wolle, eingeteilt werden; die erste heißt eigentlich die Form der Beherrschung (forma imperii), und es sind nur drei derselben möglich, wo nämlich entweder nur *Einer* oder *Einige* unter sich verbunden, oder *Alle* zusammen, welche die bürgerliche Gesellschaft ausmachen, die Herrschergewalt besitzen (*Autokratie, Aristokratie* und *Demokratie,* Fürstengewalt, Adelsgewalt und Volksgewalt). Die zweite ist die Form der Regierung (forma regiminis) und betrifft die auf die Konstitution (den Akt des allgemeinen Willens, wodurch die Menge ein Volk wird) gegründete Art, wie der Staat von seiner Machtvollkommenheit Gebrauch macht: und ist in dieser Beziehung entweder *republikanisch* oder *despotisch.* Der *Republikanismus* ist das Staatsprinzip der Absonderung der ausführenden Gewalt (der Regierung) von der gesetzgebenden; der Despotismus ist das der eigenmächtigen Vollziehung des Staats von Gesetzen, die er selbst gegeben hat, mithin der öffentliche Wille, sofern er von dem Regenten als sein Privatwille gehandhabt wird. – Unter den drei Staatsformen ist die der *Demokratie* im eigentlichen Verstande des Worts notwendig ein *Despotismus,* weil sie eine exekutive Gewalt gründet, da alle über und allenfalls auch wider Einen (der also nicht mit einstimmt), mithin alle, die doch nicht alle sind, beschließen; welches ein Widerspruch des allgemeinen Willens mit sich selbst und mit der Freiheit ist.

Alle Regierungsform nämlich, die nicht *repräsentativ* ist, ist eigentlich eine *Unform*, weil der Gesetzgeber in einer und derselben Person zugleich Vollstrecker seines Willens (so wenig wie das Allgemeine des Obersatzes in einem Vernunftschlusse zugleich die Subsumtion des besondern unter jenem im Untersatze) sein kann; und wenngleich die zwei andern Staatsverfassungen sofern immer fehlerhaft sind, daß sie einer solchen Regierungsart Raum geben, so ist es bei ihnen doch wenigstens möglich, daß sie eine dem *Geiste* eines repräsentativen Systems gemäße Regierungsart annehmen, wie etwa Friedrich II. wenigstens *sagte:* er sei bloß der oberste Diener des Staats[6], dahingegen die demokratische es unmöglich macht, weil alles da Herr sein will. – Man kann daher sagen: je kleiner das Personale der Staatsgewalt (die Zahl der Herrscher), je größer dagegen die Repräsentation derselben, desto mehr stimmt die Staatsverfassung zur Möglichkeit des Republikanismus, und sie kann hoffen, durch allmähliche Reformen sich dazu endlich zu erheben. Aus diesem Grunde ist es in der Aristokratie schon schwerer als in der Monarchie, in der Demokratie aber unmöglich anders, als durch gewaltsame Revolution zu dieser einzigen vollkommenen rechtlichen Verfassung zu gelangen. Es ist aber an der Regierungsart[7] dem Volke ohne alle Vergleichung mehr gelegen, als an der Staatsform (wiewohl auch auf dieser ihre mehrere oder mindere Angemessenheit zu jenem

---

[6] Man hat die hohen Benennungen, die einem Beherrscher oft beigelegt werden (die eines göttlichen Gesalbten, eines Verwesers des göttlichen Willens auf Erden und Stellvertreters desselben) als grobe schwindlich machende Schmeicheleien oft getadelt; aber mich dünkt, ohne Grund. – Weit gefehlt, daß sie den Landesherrn sollten hochmütig machen, so müssen sie ihn vielmehr in seiner Seele demütigen, wenn er Verstand hat (welches man doch voraussetzen muß) und es bedenkt, daß er ein Amt übernommen habe, was für einen Menschen zu groß ist, nämlich das Heiligste, was Gott auf Erden hat, das *Recht der Menschen* zu verwalten, und diesem Augapfel Gottes irgendwohin zu nahe getreten zu sein, jederzeit in Besorgnis stehen muß.

[7] Mallet du Pan rühmt in seiner genietönenden, aber hohlen und sachleeren Sprache: nach vieljähriger Erfahrung endlich zur Überzeugung von der Wahrheit des bekannten Spruchs des *Pope* gelangt zu sein: „Laß über die beste Regierung Narren streiten; die bestgeführte ist die beste.“ Wenn das so viel sagen soll: die am besten geführte Regierung ist am besten geführt, so hat er nach Swifts Ausdruck eine Nuß aufgebissen, die ihn mit einer Made belohnte; soll es aber bedeuten, sie sei auch die beste Regierungsart, d.i. Staatsverfassung, so ist es grundfalsch; denn Exempel von guten Regierungen beweisen nichts für die Regierungsart. – Wer hat wohl besser regiert als ein *Titus* und *Marcus Aurelius,* und doch hinterließ der eine einen *Domitian,* der andere einen *Commodus* zu Nachfolgern; welches bei einer guten Staastverfassung nicht hätte geschehen können, da ihre Untauglichkeit zu diesem Posten früh genug bekannt war, und die Macht des Beherrschers auch hinreichend war, um sie auszuschließen.

Zwecke sehr viel ankommt). Zu jener aber, wenn sie dem Rechtsbegriffe gemäß sein soll, gehört das repräsentative System, in welchem allein eine republikanische Regierungsart möglich, ohne welches sie (die Verfassung mag sein, welche sie wolle) despotisch und gewalttätig ist. – Keine der alten sogenannten Republiken hat dieses gekannt, und sie mußten sich darüber auch schlechterdings in den Despotismus auflösen, der unter der Obergewalt eines Einzigen noch der erträglichste unter allen ist.

Zweiter Definitivartikel zum ewigen Frieden

Das Völkerrecht soll auf einen Föderalismus freier Staaten gegründet sein

Völker aller Staaten können wie einzelne Menschen beurteilt werden, die sich in ihrem Naturzustande (d.i. in der Unabhängigkeit von äußern Gesetzen) schon durch ihr Nebeneinandersein lädieren, und deren jeder um seiner Sicherheit willen von dem andern fordern kann und soll, mit ihm in eine der bürgerlichen ähnliche Verfassung zu treten, wo jedem sein Recht gesichert werden kann. Dies wäre ein *Völkerbund*, der aber gleichwohl kein Völkerstaat sein müßte. Darin aber wäre ein Widerspruch: weil ein jeder Staat das Verhältnis eines *Oberen* (Gesetzgebenden) zu einem *Unteren* (Gehorchenden, nämlich dem Volk) enthält, viele Völker aber in einem Staate nur ein Volk ausmachen würden, welches (da wir hier das Recht der *Völker* gegeneinander zu erwägen haben, sofern sie soviel verschiedene Staaten ausmachen und nicht in einem Staat zusammenschmelzen sollen) der Voraussetzung widerspricht.

Gleichwie wir nun die Anhänglichkeit der Wilden an ihre gesetzlose Freiheit, sich lieber unaufhörlich zu balgen, als sich einem gesetzlichen, von ihnen selbst zu konstituierenden Zwange zu unterwerfen, mithin die tolle Freiheit der vernünftigen vorzuziehen, mit tiefer Verachtung ansehen und als Rohigkeit, Ungeschliffenheit und viehische Abwürdigung der Menschheit betrachten, so, sollte man denken, müßten gesittete Völker (jedes für sich zu einem Staat vereinigt) eilen, aus einem so verworfenen Zustande je eher desto lieber herauszukommen. Statt dessen aber setzt vielmehr jeder *Staat* seine Majestät (denn Volksmajestät ist ein ungereimter Ausdruck) gerade darin, gar keinem äußeren gesetzlichen Zwange unterworfen zu sein, und der Glanz seines Oberhauptes besteht darin, daß ihm, ohne daß er sich eben selbst in Gefahr setzen darf, viele Tausende zu Gebot stehen, sich für eine Sache, die sie nichts angeht, aufopfern zu lassen[8], und der Unterschied der europäischen Wilden von den amerikanischen besteht hauptsächlich darin, daß, da manche Stämme der letzteren von ihren Feinden gänzlich sind gegessen worden, die ersteren ihre Überwundenen besser zu benutzen wissen, als sie zu verspeisen, und lieber die Zahl ihrer Untertanen, mithin auch die Menge der Werkzeuge zu noch ausgebreiteteren Kriegen durch sie zu vermehren wissen.

Bei der Bösartigkeit der menschlichen Natur, die sich im freien Verhältnis der Völker unverhohlen blicken läßt (indessen daß sie im bürgerlich-gesetzlichen Zustande durch den Zwang der Regierung sich sehr verschleiert), ist es doch zu verwundern, daß das Wort *Recht* aus der Kriegspolitik noch nicht als pedantisch ganz hat verwiesen werden können, und sich noch kein Staat erkühnet hat, sich für die letztere Meinung öffentlich zu erklären; denn noch werden *Hugo Grotius, Pufendorf, Vattel* u. a. m. (lauter leidige Tröster), obgleich ihr Kodex, philosophisch oder diplomatisch abgefaßt, nicht die mindeste *gesetzliche* Kraft hat oder auch nur haben kann (weil Staaten als solche nicht unter einem gemeinschaftlichen äußeren Zwange stehen), immer treuherzig zur *Rechtfertigung* eines Kriegsangriffs angeführt, ohne daß es ein Beispiel gibt, daß jemals ein Staat durch mit Zeugnissen so wichtiger Männer bewaffnete Argumente wäre bewogen worden, von seinem Vorhaben abzustehen. – Diese Huldigung, die jeder Staat dem Rechtsbegriffe (wenigstens den Worten nach) leistet, beweist doch, daß eine noch größere, obzwar zur Zeit schlummernde, moralische Anlage im Menschen anzutreffen sei, über das böse Prinzip in ihm (was er nicht ableugnen kann) doch einmal Meister zu werden, und dies auch von andern zu hoffen; denn sonst würde das Wort *Recht* den Staaten, die sich einander befehden wollten, nie in den Mund kommen, es sei denn, bloß um seinen Spott damit zu treiben, wie jener gallische Fürst es erklärte: „Es ist der Vorzug, den die Natur dem Stärkern über den Schwächern gegeben hat, daß dieser ihm gehorchen soll."

Da die Art, wie Staaten ihr Recht verfolgen, nie, wie bei einem äußern Gerichtshofe, der Prozeß, sondern nur der Krieg sein kann, durch diesen aber und seinen günstigen Ausschlag, den *Sieg*, das Recht nicht entschieden wird, und durch den *Friedensvertrag* zwar wohl dem diesmaligen Kriege, aber nicht dem Kriegszustande (im-

---

8 So gab ein bulgarischer Fürst dem griechischen Kaiser, der gutmütigerweise seinen Streit mit ihm durch einen Zweikampf ausmachen wollte, zur Antwort: „Ein Schmied, der Zangen hat, wird das glühende Eisen aus den Kohlen nicht mit seinen Händen herauslangen."

mer zu einem neuen Vorwand zu finden) ein Ende gemacht wird (den man auch nicht geradezu für ungerecht erklären kann, weil in diesem Zustande jeder in seiner eigenen Sache Richter ist), gleichwohl aber von Staaten nach dem Völkerrecht nicht eben das gelten kann, was von Menschen im gesetzlosen Zustande nach dem Naturrecht gilt, „aus diesem Zustande herausgehen zu sollen“ (weil sie als Staaten innerlich schon eine rechtliche Verfassung haben und also dem Zwange anderer, sie nach ihren Rechtsbegriffen unter eine erweiterte gesetzliche Verfassung zu bringen, entwachsen sind), indessen daß doch die Vernunft vom Throne der höchsten moralisch gesetzgebenden Gewalt herab den Krieg als Rechtsgang schlechterdings verdammt, den Friedenszustand dagegen zur unmittelbaren Pflicht macht, welcher doch, ohne einen Vertrag der Völker unter sich, nicht gestiftet oder gesichert werden kann: – so muß es einen Bund von besonderer Art geben, den man den *Friedensbund* (foedus pacificum) nennen kann, der vom *Friedensvertrag* (pactum pacis) darin unterschieden sein würde, daß dieser bloß *einen* Krieg, jener aber *alle* Kriege auf immer zu endigen suchte. Dieser Bund geht auf keinen Erwerb irgendeiner Macht des Staats, sondern lediglich auf Erhaltung und Sicherung der *Freiheit* eines Staats für sich selbst und zugleich anderer verbündeter Staaten, ohne daß diese doch sich deshalb (wie Menschen im Naturzustande) öffentlichen Gesetzen und einem Zwange unter denselben unterwerfen dürfen. – Die Ausführbarkeit (objektive Realität) dieser Idee der *Föderalität,* die sich allmählich über alle Staaten erstrecken soll und so zum ewigen Frieden hinführt, läßt sich darstellen. Denn wenn das Glück es so fügt: daß ein mächtiges und aufgeklärtes Volk sich zu einer Republik (die ihrer Natur nach zum ewigen Frieden geneigt sein muß) bilden kann, so gibt diese einen Mittelpunkt der föderativen Vereinigung für andere Staaten ab, um sich an sie anzuschließen und so den Freiheitszustand der Staaten gemäß der Idee des Völkerrechts zu sichern und sich durch mehrere Verbindungen dieser Art nach und nach immer weiter auszubreiten.

Daß ein Volk sagt: „Es soll unter uns kein Krieg sein; denn wir wollen uns in einen Staat formieren, d.i. uns selbst eine oberste gesetzgebende, regierende und richtende Gewalt setzen, die unsere Streitigkeiten friedlich ausgleicht“, – das läßt sich verstehen. – Wenn aber dieser Staat sagt: „Es soll kein Krieg zwischen mir und andern Staaten sein, obgleich ich keine oberste gesetzgebende Gewalt erkenne, die mir mein, und der ich ihr Recht sichere“, so ist es gar nicht zu verstehen, worauf ich dann das Vertrauen zu meinem Rechte gründen wolle, wenn es nicht das Surrogat des bürgerlichen Gesellschaftsbundes, nämlich der freie Föderalismus ist, den die Vernunft mit dem Begriffe des Völkerrechts notwendig verbinden muß, wenn überall etwas dabei zu denken übrigbleiben soll.

Bei dem Begriffe des Völkerrechts, als eines Rechts *zum* Kriege, läßt sich eigentlich gar nichts denken (weil es ein Recht sein soll, nicht nach allgemein gültigen äußern, die Freiheit jedes einzelnen einschränkenden Gesetzen, sondern nach einseitigen Maximen durch Gewalt, was Recht sei, zu bestimmen), es müßte denn darunter verstanden werden: daß Menschen, die so gesinnt sind, ganz recht geschieht, wenn sie sich untereinander aufreiben und also den ewigen Frieden in dem weiten Grabe finden, das alle Greuel der Gewalttätigkeit samt ihren Urhebern bedeckt. – Für Staaten im Verhältnisse untereinander kann es nach der Vernunft keine andere Art geben, aus dem gesetzlosen Zustande, der lauter Krieg enthält, herauszukommen, als daß sie ebenso wie einzelne Menschen, ihre wilde (gesetzlose) Freiheit aufgeben, sich zu öffentlichen Zwangsgesetzen bequemen und so einen (freilich immer wachsenden) *Völkerstaat* (civitas gentium), der zuletzt alle Völker der Erde befassen würde, bilden. Da sie dieses aber nach ihrer Idee vom Völkerrecht durchaus nicht wollen, mithin, was in thesi richtig ist, in hypothese verwerfen, so kann an die Stelle der positiven Idee *einer Weltrepublik* (wenn nicht alles verloren werden soll) nur das *negative* Surrogat eines den Krieg abwehrenden, bestehenden und sich immer ausbreitenden *Bundes* den Strom der rechtscheuenden, feindseligen Neigung aufhalten, doch mit beständiger Gefahr ihres Ausbruchs. (Furor impius intus – fremit horridus ore cruento. *Virgil.*)[9]

---

[9] Nach einem beendigten Kriege, beim Friedensschlusse, möchte es wohl für ein Volk nicht unschicklich sein, daß nach dem Dankfeste ein Bußtag ausgeschrieben würde, den Himmel in Namen des Staats um Gnade für die große Versündigung anzurufen, die das menschliche Geschlecht sich noch immer zuschulden kommen läßt, sich keiner gesetzlichen Verfassung im Verhältnis auf andere Völker fügen zu wollen, sondern stolz auf seine Unabhängigkeit lieber das barbarische Mittel des Krieges (wodurch doch das, was gesucht wird, nämlich das Recht eines jeden Staats nicht ausgemacht wird) zu gebrauchen. – Die Dankfeste während dem Kriege über einen erfochtenen *Sieg*, die Hymnen, die (auf gut israelitisch) dem *Herrn der Heerscharen* gesungen werden, stehen mit der moralischen Idee des Vaters der Menschen in nicht minder starkem Kontrast: weil sie außer der Gleichgültigkeit wegen der Art, wie Völker ihr gegenseitiges Recht suchen (die traurig genug ist), noch eine Freude hineinbringen, recht viel Menschen oder ihr Glück zernichtet zu haben.

Dritter Definitivartikel zum ewigen Frieden

Das Weltbürgerrecht soll auf Bedingungen der allgemeinen Hospitalität eingeschränkt sein

Es ist hier, wie in den vorigen Artikeln, nicht von Philanthropie, sondern vom *Recht* die Rede, und da bedeutet *Hospitalität* (Wirtbarkeit) das Recht eines Fremdlings, seiner Ankunft auf dem Boden eines andern wegen von diesem nicht feindselig behandelt zu werden. Dieser kann ihn abweisen, wenn es ohne seinen Untergang geschehen kann; solange er aber auf seinem Platz sich friedlich verhält, ihm nicht feindlich begegnen. Es ist kein *Gastrecht*, worauf dieser Anspruch machen kann (wozu ein besonderer wohltätiger Vertrag erfordert werden würde, ihn auf eine gewisse Zeit zum Hausgenossen zu machen), sondern ein *Besuchsrecht*, welches allen Menschen zusteht, sich zur Gesellschaft anzubieten vermöge des Rechts des gemeinschaftlichen Besitzes der Oberfläche der Erde, auf der als Kugelfläche sie sich nicht ins Unendliche zerstreuen können, sondern endlich sich doch nebeneinander dulden müssen, ursprünglich aber niemand an einem Orte der Erde zu sein mehr Recht hat, als der andere. – Unbewohnbare Teile dieser Oberfläche, das Meer und die Sandwüsten, trennen diese Gemeinschaft, doch so, daß das *Schiff* oder das *Kamel* (das *Schiff* der Wüste) es möglich machen, über diese herrenlosen Gegenden sich einander zu nähern und das Recht der *Oberfläche*, welches der Menschengattung gemeinschaftlich zukommt, zu einem möglichen Verkehr zu benutzen. Die Unwirtbarkeit der Seeküsten (z.B. der Barbaresken), Schiffe in nahen Meeren zu rauben oder gestrandete Schiffsleute zu Sklaven zu machen, oder die der Sandwüsten (der arabischen Beduinen), die Annäherung zu den nomadischen Stämmen als ein Recht anzusehen, sie zu plündern, ist also dem Naturrecht zuwider, welches Hospitalitätsrecht aber, d.i. die Befugnis der fremden Ankömmlinge, sich nicht weiter erstreckt als auf die Bedingungen der Möglichkeit, einen Verkehr mit den alten Einwohnern zu *versuchen*. – Auf diese Art können entfernte Weltteile miteinander friedlich in Verhältnisse kommen, die zuletzt öffentlich gesetzt werden und so das menschliche Geschlecht endlich einer weltbürgerlichen Verfassung immer näher bringen können.

Vergleicht man hiemit das *inhospitale* Betragen der gesitteten, vornehmlich handeltreibenden Staaten unseres Weltteils, so geht die Ungerechtigkeit, die sie in dem *Besuche* fremder Länder und Völker (welches ihnen mit dem *Erobern* derselben für einerlei gilt) beweisen, bis zum Erschrecken weit. Amerika, die Negerländer, die

Gewürzinseln, das Kap usw. waren bei ihrer Entdeckung für sie Länder, die keinem angehörten; denn die Einwohner rechneten sie für nichts. In Ostindien (Hindustan) brachten sie unter dem Vorwande bloß beabsichtigter Handelsniederlagen fremde Kriegsvölker hinein, mit ihnen aber Unterdrückung der Eingeborenen, Aufwiegelung der verschiedenen Staaten desselben zu weit ausgebreiteten Kriegen, Hungersnot, Aufruhr, Treulosigkeit und wie die Litanei aller Übel, die das menschliche Geschlecht drücken, weiter lauten mag.

China[10] und Japan *(Nipon)*, die den Versuch mit solchen Gästen gemacht hatten, haben daher weislich, jenes zwar den Zugang, aber

---

[10] Um dieses große Reich mit dem Namen, womit es sich selbst benennt, zu schreiben (nämlich *China*, nicht Sina oder einen diesem ähnlichen Laut) darf man nur Georgii Alphab. Tibet. pag 651–654, vornehmlich Nota b unten, nachsehen. – Eigentlich führt es, nach des Petersburger Prof. *Fischer* Bemerkung, keinen bestimmten Namen, womit es sich selbst benennt; der gewöhnlichste ist noch der des Wortes Kin, nämlich Gold (welches die Tibetaner mit Ser ausdrücken), daher der Kaiser König des *Goldes* (des herrlichsten Landes von der Welt) genannt wird, welches Wort wohl im Reiche selbst wie Chin lauten, aber von den italienischen Missionaren (des Gutturalbuchstabens wegen) wie Kin ausgesprochen sein mag. – Hieraus ersieht man dann, daß das von den Römern so genannte Land der *Serer* China war, die Seide aber über *Groß-Tibet* (vermutlich durch *Klein-Tibet* und die Bucharei über Persien, so weiter) nach Europa gefördert worden, welches zu manchen Betrachtungen über das Altertum dieses erstaunlichen Staats, in Vergleichung mit dem von Hindustan, bei der Verknüpfung mit *Tibet* und durch dieses mit Japan hinleitet; indessen daß der Name Sina oder Tschina, den die Nachbarn diesem Lande geben sollen, zu nichts hinführt. – Vielleicht läßt sich auch die uralte, obzwar nie recht bekannt gewordene Gemeinschaft Europens mit Tibet aus dem, was uns *Hesychius* hievon aufbehalten hat, nämlich dem Zuruf *Κογξ Ομπαξ* (Konx Ompax) des Hierophanten in den Eleusinischen Geheimnissen erklären (s. Reise des jüngern Anacharsis, 5. Teil, S. 447 u.f.). – Denn nach Georgii Alph. Tibet. bedeutet das Wort Concioa *Gott*, welches eine auffallende Ähnlichkeit mit Konx hat. Pah-cio (ib. p. 520), welches von den Griechen leicht wie pax ausgesprochen werden konnte, promulgator legis, die durch die ganze Natur verteilte Gottheit (auch Cenresi genannt, p. 177). Om aber, welches La Croze durch benedictus, *gesegnet*, übersetzt, kann, auf die Gottheit angewandt, wohl nichts anderes als den *Seliggepriesenen* bedeuten, p. 507. Da nun *P. Franz. Horatius* von den tibetanischen *Lamas*, die er oft befrug, was sie unter Gott (Concioa) verständen, jederzeit die Antwort bekam: „*Es ist die Versammlung aller Heiligen*" (d.i. der seligen durch die Lamaische Wiedergeburt nach vielen Wanderungen durch allerlei Körper endlich in die Gottheit zurückgekehrten, in *Burchane*, d.i. anbetungswürdige Wesen, verwandelten Seelen, p. 223), so wird jenes geheimnisvolle Wort, Konx Ompax, wohl das *heilige* (konx), *selige* (Om) und *weise* (Pax), durch die Welt überall verbreitete höchste Wesen (die personifizierte Natur) bedeuten sollen und, in den griechischen *Mysterien* gebraucht, wohl den *Monotheismus* für die Epopten, im Gegensatz mit dem *Polytheismus* des Volks angedeutet haben; obwohl *P. Horatius* (a.a.O.) hierunter einen *Atheismus* witterte. – Wie aber jenes geheimnisvolle Wort über Tibet zu den Griechen gekommen, läßt sich auf obige Art erklären und umgekehrt dadurch auch der frühe Verkehr Europens mit China über Tibet (vielleicht eher noch als mit Hindustan) wahrscheinlich machen.

nicht den Eingang, dieses auch den ersteren nur einem einzigen europäischen Volk, den Holländern, erlaubt, die sie aber doch dabei wie Gefangene von der Gemeinschaft mit den Eingeborenen ausschließen. Das Ärgste hiebei (oder aus dem Standpunkte eines moralischen Richters betrachtet das Beste) ist, daß sie dieser Gewalttätigkeit nicht einmal froh werden, daß alle diese Handlungsgesellschaften auf dem Punkte des nahen Umsturzes stehen, daß die Zuckerinseln, dieser Sitz der allergrausamsten und ausgedachtesten Sklaverei, keinen wahren Ertrag abwerfen, sondern nur mittelbar, und zwar zu einer nicht sehr löblichen Absicht, nämlich zur Bildung der Matrosen für Kriegsflotten und also wieder zur Führung der Kriege in Europa dienen, und dieses Mächten, die von der Frömmigkeit viel Werks machen, und, indem sie Unrecht wie Wasser trinken, sich in der Rechtgläubigkeit für Auserwählte gehalten wissen wollen.

Da es nun mit der unter den Völkern der Erde einmal durchgängig überhand genommenen (engeren oder weiteren) Gemeinschaft so weit gekommen ist, daß die Rechtsverletzung an *einem* Platz der Erde an *allen* gefühlt wird: so ist die Idee eines Weltbürgerrechts keine phantastische und überspannte Vorstellungsart des Rechts, sondern eine notwendige Ergänzung des ungeschriebenen Kodex sowohl des Staats- als Völkerrechts zum öffentlichen Menschenrechte überhaupt, und so zum ewigen Frieden, zu dem man sich in der kontinuierlichen Annäherung zu befinden nur unter dieser Bedingung schmeicheln darf.

Erster Zusatz
Von der Garantie des ewigen Friedens

Das, was diese *Gewähr* (Garantie) leistet, ist nichts Geringeres als die große Künstlerin *Natur* (natura daedala rerum), aus deren mechanischem Laufe sichtbarlich Zweckmäßigkeit hervorleuchtet, durch die Zwietracht der Menschen Eintracht selbst wider ihren Willen emporkommen zu lassen, und darum, gleich als Nötigung einer ihren Wirkungsgesetzen nach uns unbekannten Ursache, *Schicksal,* bei Erwägung aber ihrer Zweckmäßigkeit im Laufe der Welt, als tiefliegende Weisheit einer höheren, auf den objektiven Endzweck des menschlichen Geschlechts gerichteten und diesen Weltlauf prädeterminierenden Ursache *Vorsehung*[11] genannt wird,

---

11 Im Mechanismus der Natur, wozu der Mensch (als Sinnwesen) mit gehört, zeigt sich eine ihrer Existenz schon zum Grunde liegende Form, die wir uns nicht anders

die wir zwar eigentlich nicht an diesen Kunstanstalten der Natur *erkennen*, oder auch nur daraus auf sie *schließen*, sondern (wie in aller Beziehung der Form der Dinge auf Zwecke überhaupt) nur *hinzudenken* können und müssen, um uns von ihrer Möglichkeit nach der Analogie menschlicher Kunsthandlungen einen Begriff zu machen, deren Verhältnis und Zusammenstimmung aber zu dem Zwecke, den uns die Vernunft unmittelbar vorschreibt (dem moralischen), sich vorzustellen, eine Idee ist, die zwar in *theoretischer* Absicht überschwenglich, in praktischer aber (z. B. in Ansehung des Pflichtbegriffs *vom ewigen Frieden*, um jenen Mechanismus der Natur dazu zu benutzen) dogmatisch und ihrer Realität nach wohl gegründet ist. – Der Gebrauch des Wortes *Natur* ist auch, wenn es wie hier bloß um Theorie (nicht um Religion) zu tun ist, schicklicher für die Schranken der menschlichen Vernunft (als die sich in Ansehung des Verhältnisses der Wirkungen zu ihren Ursachen innerhalb den Grenzen möglicher Erfahrung halten muß) und *bescheidener* als der Ausdruck einer für uns erkennbaren *Vorsehung*, mit dem man sich vermessenerweise ikarische Flügel ansetzt, um dem Geheimnis ihrer unergründlichen Absicht näher zu kommen.

Ehe wir nun diese Gewährleistung näher bestimmen, wird es nötig sein, vorher den Zustand nachzusuchen, den die Natur für die auf

---

begreiflich machen können, als indem wir ihr den Zweck eines sie vorher bestimmenden Welturhebers unterlegen, dessen Vorherbestimmung wir die (göttliche) *Vorsehung* überhaupt und, sofern sie in den *Anfang* der Welt gelegt wird, die *gründende* (providentia conditrix; semel iussit, semper parent, *Augustin*), im *Laufe* der Natur aber diesen nach allgemeinen Gesetzen der Zweckmäßigkeit zu erhalten, die *waltende Vorsehung* (providentia gubernatrix), ferner zu besonderen, aber von dem Menschen nicht vorherzusehenden, sondern nur aus dem Erfolg vermuteten Zwecken, die *leitende* (providentia directrix), endlich sogar in Ansehung einzelner Begebenheiten als göttlicher Zwecke nicht mehr Vorsehung, sondern *Fügung* (directio extraordinaria) nennen, welche aber (da sie in der Tat auf Wunder hinweiset, obgleich die Begebenheiten nicht so genannt werden) als solche erkennen zu wollen, törichte Vermessenheit des Menschen ist: weil aus einer einzelnen Begebenheit auf ein besonderes Prinzip der wirkenden Ursache (daß diese Begebenheit Zweck und nicht bloß naturmechanische Nebenfolge aus einem anderen, uns ganz unbekannten Zwecke sei) zu schließen ungereimt und voll Eigendünkel ist, so fromm und demütig auch die Sprache hierüber lauten mag. – Ebenso ist auch die Einteilung der Vorsehung (*materialiter* betrachtet), wie sie auf *Gegenstände* in der Welt geht, in die *allgemeine* und *besondere*, falsch und sich selbst widersprechend (daß sie z. B. zwar eine Vorsorge zur Erhaltung der Gattungen der Geschöpfe sei, die Individuen aber dem Zufall überlasse); denn sie wird eben in der Absicht allgemein genannt, damit kein einziges Ding als davon ausgenommen gedacht werde. – Vermutlich hat man hier die Einteilung der Vorsehung (*formaliter* betrachtet) nach der Art der Ausführung ihrer Absicht gemeint: nämlich in *ordentliche* (z. B. das jährliche Sterben und Wiederaufleben der Natur nach dem Wechsel der Jahreszeiten) und *außerordentliche* (z. B. die Zuführung des Holzes an die Eisküsten, das da nicht wachsen kann, durch die Meerströme für die dortigen Einwohner, die ohne das nicht leben könnten), wo, ob wir ihrem großen Schauplatz handelnden Personen veranstaltet hat, der ihre Friedenssicherung zuletzt notwendig macht; – alsdann aber allererst die Art, wie sie diese leiste.

Ihre provisorische Veranstaltung besteht darin: daß sie 1) für die Menschen in allen Erdgegenden gesorgt hat, daselbst leben zu können; – 2) sie durch *Krieg* allerwärts hin, selbst in die unwirtbarsten Gegenden getrieben hat, um sie zu bevölkern; – 3) durch eben denselben sie in mehr oder weniger gesetzliche Verhältnisse zu treten genötigt hat. – Daß in den kalten Wüsten am Eismeer noch das Moos wächst, welches das *Renntier* unter dem Schnee hervorscharrt, um selbst die Nahrung oder auch das Angespann des Ostjaken oder Samojeden zu sein; oder daß die salzigen Sandwüsten doch noch das *Kamel,* welches zu Bereisung derselben gleichsam geschaffen zu sein scheint, um sie nicht unbenutzt zu lassen, enthalten, ist schon bewundernswürdig. Noch deutlicher aber leuchtet der Zweck hervor, wenn man gewahr wird, wie außer den bepelzten Tieren am Ufer des Eismeeres noch Robben, Walrosse und Walfische an ihrem Fleische Nahrung und mit ihrem Tran Feuerung für die dortigen Anwohner darreichen. Am meisten aber erregt die Vorsorge der Natur durch das Treibholz Bewunderung, was sie (ohne daß man recht weiß, wo es herkommt) diesen gewächslosen Gegenden zu-

---

gleich die physisch-mechanische Ursache dieser Erscheinungen uns gut erklären können (z.B. durch die mit Holz bewachsenen Ufer der Flüsse der temperierten Länder, in welche jene Bäume hineinfallen und etwa durch den Golfstrom weiter verschleppt werden), wir dennoch auch die theologische nicht übersehen müssen, die auf die Vorsorge einer über die Natur gebietenden Weisheit hinweiset. – Nur was den in den Schulen gebräuchlichen Begriff eines göttlichen *Beitritts,* oder Mitwirkung (concursus) zu einer Wirkung in der Sinnenwelt betrifft, so muß dieser wegfallen. Denn das Ungleichartige paaren wollen (gryphes iungere equis) und den, der selbst die vollständige Ursache der Weltveränderungen ist, seine eigene prädeterminierende Vorsehung während dem Weltlaufe *ergänzen* zu lassen (die also mangelhaft gewesen sein müßte), z.B. zu sagen, daß *nächst Gott* der Arzt den Kranken zurecht gebracht habe, also als Beistand dabei gewesen sei, ist *erstlich* an sich widersprechend. Denn causa solitaria non iuvat. Gott ist der Urheber des Arztes samt allen seinen Heilmitteln, und so muß ihm, wenn man ja bis zum höchsten, uns theoretisch unbegreiflichen Urgrunde hinaufsteigen will, die Wirkung *ganz* zugeschrieben werden. Oder man kann sie auch *ganz* dem Arzt zuschreiben, sofern wir diese Begebenheit als nach der Ordnung der Natur erklärbar in der Kette der Weltursachen verfolgen. *Zweitens* bringt eine solche Denkungsart auch um alle bestimmte Prinzipien der Beurteilung eines Effekts. Aber in *moralisch-praktischer* Absicht (die also ganz aufs Übersinnliche gerichtet ist), z.B. in dem Glauben, daß Gott den Mangel unserer eigenen Gerchtigkeit, wenn nur unsere Gesinnung echt war, auch durch uns unbegreifliche Mittel ergänzen werde, wir also in der Bestrebung zum Guten nichts nachlassen sollen, ist der Begriff des göttlichen concursus ganz schicklich und sogar notwendig; wobei es sich aber von selbst versteht, daß niemand eine gute Handlung (als Begebenheit in der Welt) hieraus zu *erklären* versuchen muß, welches ein vorgebliches theoretisches Erkenntnis des Übersinnlichen, mithin ungereimt ist.

bringt, ohne welches Material sie weder ihre Fahrzeuge und Waffen noch ihre Hütten zum Aufenthalt zurichten könnten; wo sie dann mit dem Kriege gegen die Tiere genug zu tun haben, um unter sich friedlich zu leben. – – Was sie aber *dahin getrieben* hat, ist vermutlich nichts anderes als der Krieg gewesen. Das erste *Kriegswerkzeug* aber unter allen Tieren, die der Mensch binnen der Zeit der Erdbevölkerung zu zähmen und häuslich zu machen gelernt hatte, ist das *Pferd* – denn der Elefant gehört in die spätere Zeit, nämlich des Luxus schon errichteter Staaten –, sowie die Kunst, gewisse, für uns jetzt ihrer ursprünglichen Beschaffenheit nach nicht mehr erkennbare Grasarten, *Getreide* genannt, anzubauen, imgleichen die Vervielfältigung und Verfeinerung der *Obstarten* durch Verpflanzung und Einpfropfung (vielleicht in Europa bloß zweier Gattungen der Holzäpfel und Holzbirnen) nur im Zustande schon errichteter Staaten, wo gesichertes Grundeigentum stattfand, entstehen konnte, – nachdem die Menschen vorher in gesetzloser Freiheit von dem *Jagd-*[12], Fischer- und Hirtenleben bis zum *Ackerleben* durchgedrungen waren, und nun *Salz* und *Eisen* erfunden ward, vielleicht die ersten weit und breit gesuchten Artikel eines Handelsverkehrs verschiedener Völker, wodurch sie zuerst in ein *friedliches Verhältnis* gegeneinander und so selbst mit Entfernteren in Einverständnis, Gemeinschaft und friedliches Verhältnis untereinander gebracht wurden.

Indem die Natur nun dafür gesorgt hat, daß Menschen allerwärts auf Erden leben *könnten*, so hat sie zugleich auch despotisch gewollt, daß sie allerwärts leben *sollten*, wenngleich wider ihre Neigung, und selbst ohne daß dieses Sollen zugleich einen Pflichtbegriff voraussetze, der sie hiezu vermittelst eines moralischen Gesetzes verbände, – sondern sie hat, zu diesem ihrem Zweck zu gelangen, den Krieg gewählt. – Wir sehen nämlich Völker, die an der Einheit ihrer Sprache die Einheit ihrer Abstammung kennbar machen, wie die *Samojeden* am Eismeer einerseits, und ein Volk von ähnlicher Sprache, zweihundert Meilen davon entfernt, im *Altaischen* Gebirge an-

---

[12] Unter allen Lebensweisen ist das *Jagdleben* ohne Zweifel der gesitteten Verfassung am meisten zuwider: weil die Familien, die sich da vereinzeln müssen, einander bald *fremd* und sonach, in weitläufigen Wäldern zerstreut, auch bald *feindselig* werden, da eine jede zu Erwerbung ihrer Nahrung und Kleidung viel Raum bedarf. – Das *Noachische Blutverbot*, 1. M. IX, 4–6 (welches, öfters wiederholt, nachher gar den neuangekommenen Christen aus dem Heidentum, obzwar in anderer Rücksicht, von den Judenchristen zur Bedingung gemacht wurde, Apost.-Gesch. XV, 20. XXI, 25), scheint uranfänglich nichts anderes als das Verbot des *Jägerlebens* gewesen zu sein: weil in diesem Fall, das Fleisch roh zu essen, oft eintreten muß, mit dem letzteren also das erstere zugleich verboten wird.

dererseits, wozwischen sich ein anderes, nämlich mongolisches, berittenes und hiemit kriegerisches Volk, gedrängt und so jenen Teil ihres Stammes, weit von diesem, in die unwirtbarsten Eisgegenden versprengt hat, wo sie gewiß nicht aus eigener Neigung sich hin verbreitet hätten[13]; ebenso die *Finnen* in der nördlichsten Gegend von Europa, *Lappen* genannt, von den jetzt ebenso weit entfernten, aber der Sprache nach mit ihnen verwandten *Ungarn* durch dazwischen eingedrungene gotische und sarmatische Völker getrennt; und was kann wohl anders die *Eskimos* (vielleicht uralte europäische Abenteurer, ein von allen Amerikanern ganz unterschiedenes Geschlecht) im Norden, und die *Pescheräs* im Süden von Amerika, bis zum Feuerlande hingetrieben haben, als der Krieg, dessen sich die Natur als Mittel bedient, die Erde allerwärts zu bevölkern? Der Krieg aber selbst bedarf keines besonderen Bewegungsgrundes, sondern scheint auf die menschliche Natur gepfropft zu sein, und sogar etwas Edles, wozu der Mensch durch den Ehrtrieb, ohne eigennützige Triebfedern, beseelt wird, zu gelten: so, daß *Kriegesmut* (von amerikanischen Wilden sowohl als den europäischen in den Ritterzeiten) nicht bloß, *wenn* Krieg ist (wie billig), sondern auch, *daß* Krieg sei, von unmittelbarem großem Wert zu sein geurteilt wird, und er oft, bloß um jenen zu zeigen, angefangen, mithin in dem Kriege an sich selbst eine innere *Würde* gesetzt wird, sogar daß ihm auch wohl Philosophen, als einer gewissen Veredlung der Menschheit, eine Lobrede halten, uneingedenk des Ausspruchs jenes Griechen: „Der Krieg ist darin schlimm, daß er mehr böse Leute macht, als er deren wegnimmt.“ – Soviel von dem, was die Natur *für ihren eigenen Zweck* in Ansehung der Menschengattung als einer Tierklasse tut.

Jetzt ist die Frage, die das Wesentliche der Absicht auf den ewigen Frieden betrifft: „Was die Natur in dieser Absicht, beziehungsweise auf den Zweck, den dem Menschen seine eigene Vernunft zur Pflicht macht, mithin zur Begünstigung seiner *moralischen Absicht* tue, und wie sie die Gewähr leiste, daß dasjenige, was der Mensch nach Freiheitsgesetzen tun *sollte*, aber nicht tut, dieser Freiheit unbeschadet

---

13 Man könnte fragen: Wenn die Natur gewollt hat, diese Eisküsten sollten nicht unbewohnt bleiben, was wird aus ihren Bewohnern, wenn sie ihnen dereinst (wie zu erwarten ist) kein Treibholz mehr zuführte? Denn es ist zu glauben, daß bei fortrückender Kultur die Einsassen der temperierten Erdstriche das Holz, was an den Ufern ihrer Ströme wächst, besser benutzen, es nicht in die Ströme fallen und so in die See wegschwemmen lassen werden. Ich antworte: Die Anwohner des *Obstroms*, des Jenisei, des Lena usw. werden es ihnen durch Handel zuführen und dafür die Produkte aus dem Tierreich, woran das Meer an den Eisküsten so reich ist, einhandeln, wenn sie (die Natur) nur allererst den Frieden unter ihnen erzwungen haben wird.

auch durch einen Zwang der Natur, daß er es tun *werde,* gesichert sei, und zwar nach allen drei Verhältnissen des öffentlichen Rechts, des *Staats-*, *Völker-* und *weltbürgerlichen Rechts.*" – Wenn ich von der Natur sage: *sie will,* daß dieses oder jenes geschehe, so heißt das nicht soviel als: sie legt uns eine Pflicht auf, es zu tun (denn das kann nur die zwangsfreie praktische Vernunft), sondern sie *tut* es selbst, wir mögen wollen oder nicht (fata volentem ducunt, nolentem trahunt).

1. Wenn ein Volk auch nicht durch innere Mißhelligkeit genötigt würde, sich unter den Zwang öffentlicher Gesetze zu begeben, so würde es doch der Krieg von außen tun, indem nach der vorher erwähnten Naturanstalt ein jedes Volk ein anderes es drängende Volk zum Nachbarn vor sich findet, gegen das es sich innerlich zu einem Staat bilden muß, um als *Macht* gegen diesen gerüstet zu sein. Nun ist die *republikanische* Verfassung die einzige, welche dem Recht der Menschen vollkommen angemessen, aber auch die schwerste zu stiften, vielmehr noch zu erhalten ist, dermaßen, daß viele behaupten, es müsse ein *Staat* von *Engeln* sein, weil Menschen mit ihren selbstsüchtigen Neigungen einer Verfassung von so sublimer Form nicht fähig wären. Aber nun kommt die Natur dem verehrten, aber zur Praxis ohnmächtigen allgemeinen, in der Vernunft gegründeten Willen, und zwar gerade durch jene selbstsüchtigen Neigungen zu Hilfe, so daß es nur auf eine gute Organisation des Staats ankommt (die allerdings im Vermögen der Menschen ist), jener ihre Kräfte so gegeneinander zu richten, daß eine die anderen in ihrer zerstörenden Wirkung aufhält oder diese aufhebt: so daß der Erfolg für die Vernunft so ausfällt, als wenn beide gar nicht da wären, und so der Mensch, wenngleich nicht ein moralisch-guter Mensch, dennoch ein guter Bürger zu sein gezwungen wird. Das Problem der Staatserrichtung ist, so hart wie es auch klingt, selbst für ein Volk von Teufeln (wenn sie nur Verstand haben) auflösbar und lautet so: „Eine Menge von vernünftigen Wesen, die insgesamt allgemeine Gesetze für ihre Erhaltung verlangen, deren jedes aber insgeheim sich davon auszunehmen geneigt ist, so zu ordnen und ihre Verfassung einzurichten, daß, obgleich sie in ihren Privatgesinnungen einander entgegenstreben, diese einander doch so aufhalten, daß in ihrem öffentlichen Verhalten der Erfolg eben derselbe ist, als ob sie keine solche bösen Gesinnungen hätten." Ein solches Problem muß *auflöslich* sein. Denn es ist nicht die moralische Besserung der Menschen, sondern nur der Mechanismus der Natur, von dem die Aufgabe zu wissen verlangt, wie man ihn an Menschen benutzen könne, um den Widerstreit ihrer unfriedlichen Gesinnungen in einem Volk so zu

richten, daß sie sich unter Zwangsgesetze zu begeben einander selbst nötigen und so den Friedenszustand, in welchem Gesetze Kraft haben, herbeiführen müssen. Man kann dieses auch an den wirklich vorhandenen, noch sehr unvollkommen organisierten Staaten sehen, daß sie sich doch im äußeren Verhalten dem, was die Rechtsidee vorschreibt, schon sehr nähern, obgleich das Innere der Moralität davon sicherlich nicht die Ursache ist (wie denn auch nicht von dieser die gute Staatsverfassung, sondern vielmehr umgekehrt von der letzteren allerst die gute moralische Bildung eines Volks zu erwarten ist), mithin der Mechanismus der Natur durch selbstsüchtige Neigungen, die natürlicherweise einander auch äußerlich entgegenwirken, von der Vernunft zu einem Mittel gebracht werden kann, dieser ihrem eigenen Zweck, der rechtlichen Vorschrift, Raum zu machen und hiemit auch, soviel an dem Staat selbst liegt, den inneren sowohl als äußeren Frieden zu befördern und zu sichern. – Hier heißt es also: Die Natur *will* unwiderstehlich, daß das Recht zuletzt die Obergewalt erhalte. Was man nun hier verabsäumt zu tun, das macht sich zuletzt selbst, obzwar mit viel Ungemächlichkeit. – „Biegt man das Rohr zu stark, so bricht's; und wer zu viel will, der will nichts." *Bouterwek.*

2. Die Idee des Völkerrechts setzt die *Absonderung* vieler voneinander unabhängiger benachbarter Staaten voraus, und obgleich ein solcher Zustand an sich schon ein Zustand des Krieges ist (wenn nicht eine föderative Vereinigung derselben dem Ausbruch der Feindseligkeiten vorbeugt): so ist doch selbst dieser nach der Vernunftidee besser als die Zusammenschmelzung derselben durch eine die andere überwachsende und in einer Universalmonarchie übergehende Macht; weil die Gesetze mit dem vergrößerten Umfange der Regierung immer mehr an ihrem Nachdruck einbüßen, und ein seelenloser Despotismus, nachdem der die Keime des Guten ausgerottet hat, zuletzt doch in Anarchie verfällt. Indessen ist dieses das Verlangen jedes Staats (oder seines Oberhaupts), auf diese Art sich in den dauernden Friedenszustand zu versetzen, daß er womöglich die ganze Welt beherrscht. Aber die *Natur will* es anders. – Sie bedient sich zweier Mittel, um Völker von der Vermischung abzuhalten und sie abzusondern, der Verschiedenheit der *Sprachen* und der *Religionen*[14], die zwar den Hang zum wechselseitigen Hasse und Vorwand zum Kriege bei sich führt, aber doch bei anwachsender Kultur und

[14] *Verschiedenheit der Religionen:* ein wunderlicher Ausdruck! Gerade als ob man auch von verschiedenen *Moralen* spräche. Es kann wohl verschiedene *Glaubensarten* historischer, nicht in die Religion, sondern in die Geschichte der zu ihrer Beförderung gebrauchten, ins Feld der Gelehrsamkeit einschlagender Mittel und ebenso verschiedene

der allmählichen Annäherung der Menschen zu größerer Einstimmung in Prinzipien, zum Einverständnisse in einem Frieden lautet, der nicht, wie jener Despotismus (auf dem Kirchhofe der Freiheit), durch Schwächung aller Kräfte, sondern durch ihr Gleichgewicht im lebhaftesten Wetteifer derselben hervorgebracht und gesichert wird.

3. Sowie die Natur weislich die Völker trennt, welche der Wille jedes Staats, und zwar selbst nach Gründen des Völkerrechts, gern unter sich durch List oder Gewalt vereinigen möchte: so vereinigt sie auch andererseits Völker, die der Begriff des Weltbürgerrechts gegen Gewalttätigkeit und Krieg nicht würde gesichert haben, durch den wechselseitigen Eigennutz. Es ist der *Handelsgeist*, der mit dem Kriege nicht zusammen bestehen kann, und der früher oder später sich jedes Volks bemächtigt. Weil nämlich unter allen der Staatsmacht untergeordneten Mächten (Mitteln) die *Geldmacht* wohl die zuverlässigste sein möchte, so sehen sich Staaten (freilich wohl nicht eben durch Triebfedern der Moralität) gedrungen, den edeln Frieden zu befördern und, wo auch immer in der Welt Krieg auszubrechen droht, ihn durch Vermittelungen abzuwehren, gleich als ob sie deshalb im beständigen Bündnisse ständen; denn große Vereinigungen zum Kriege können der Natur der Sache nach sich nur höchst selten zutragen und noch seltener glücken. – – Auf die Art garantiert die Natur durch den Mechanismus in den menschlichen Neigungen selbst den ewigen Frieden; freilich mit einer Sicherheit, die nicht hinreichend ist, die Zukunft desselben (theoretisch) zu *weissagen*, aber doch in praktischer Absicht zulangt und es zur Pflicht macht, zu diesem (nicht bloß chimärischen) Zwecke *hinzuarbeiten*.

Zweiter Zusatz
Geheimer Artikel zum ewigen Frieden

Ein geheimer Artikel in Verhandlungen des öffentlichen Rechts ist objektiv, d.i. seinem Inhalte nach betrachtet ein Widerspruch; subjektiv aber, nach der Qualität der Person beurteilt, die ihn diktiert, kann gar wohl darin ein Geheimnis statthaben, daß sie es nämlich für ihre Würde bedenklich findet, sich öffentlich als Urheberin desselben anzukündigen.

Religionsbücher (Zendavesta, Vedam, Koran usw.) geben, aber nur eine einzige, für alle Menschen und in allen Zeiten gültige *Religion*. Jene also können wohl nichts anderes als nur das Vehikel der Religion, was zufällig ist und nach Verschiedenheit der Zeiten und Örter verschieden sein kann, enthalten.

Der einzige Artikel dieser Art ist in dem Satze enthalten: *Die Maximen der Philosophen über die Bedingungen der Möglichkeit des öffentlichen Friedens sollen von den zum Kriege gerüsteten Staaten zu Rate gezogen werden.*

Es scheint aber für die gesetzgebende Autorität eines Staats, dem man natürlicherweise die größte Weisheit beilegen muß, verkleinerlich zu sein, über die Grundsätze seines Verhaltens gegen andere Staaten bei *Untertanen* (den Philosophen) Belehrung zu suchen; gleichwohl aber sehr ratsam, es zu tun. Also wird der Staat die letzteren *stillschweigend* (also indem er ein Geheimnis daraus macht) *dazu auffordern*, welches soviel heißt als: er wird sie frei und öffentlich über die allgemeinen Maximen der Kriegsführung und Friedensstiftung *reden lassen* (denn das werden sie schon von selbst tun, wenn man es ihnen nur nicht verbietet), und die Übereinkunft der Staaten untereinander über diesen Punkt bedarf auch keiner besonderen Verabredung der Staaten unter sich in dieser Absicht, sondern liegt schon in der Verpflichtung durch allgemeine (moralisch-gesetzgebende) Menschenvernunft. – Es ist aber hiemit nicht gemeint: daß der Staat den Grundsätzen des Philosophen vor den Aussprüchen des Juristen (des Stellvertreters der Staatsmacht) den Vorzug einräumen müsse, sondern nur, daß man ihn *höre*. Der letztere, der die *Waage* des Rechts und nebenbei auch das *Schwert* der Gerechtigkeit sich zum Symbol gemacht hat, bedient sich gemeiniglich des letzteren, nicht um etwa bloß alle fremden Einflüsse von dem ersteren abzuhalten, sondern, wenn die eine Schale nicht sinken will, das Schwert mit hineinzulegen (vae victis): wozu der Jurist, der nicht zugleich (auch der Moralität nach) Philosoph ist, die größte Versuchung hat, weil es seines Amts nur ist, vorhandene Gesetze anzuwenden, nicht aber, ob diese selbst nicht einer Verbesserung bedürfen, zu untersuchen, und rechnet diesen in der Tat niedrigeren Rang seiner Fakultät, darum weil er mit Macht begleitet ist (wie es auch mit den beiden anderen der Fall ist), zu den höheren. – Die philosophische steht unter dieser verbündeten Gewalt auf einer sehr niedrigen Stufe. So heißt es z.B. von der Philosophie, sie sei die *Magd* der Theologie (und ebenso lautet es von den zwei anderen). – Man sieht aber nicht recht, „ob sie ihrer gnädigen Frauen die Fackel vorträgt oder die Schleppe nachträgt".

Daß Könige philosophieren oder Philosophen Könige würden, ist nicht zu erwarten, aber auch nicht zu wünschen: weil der Besitz der Gewalt das freie Urteil der Vernunft unvermeidlich verdirbt. Daß aber Könige oder königliche (sich selbst nach Gleichheitsgesetzen beherrschende) Völker die Klasse der Philosophen nicht schwinden oder verstummen, sondern öffentlich sprechen lassen, ist beiden zu Beleuchtung ihres Geschäftes unentbehrlich und, weil diese Klasse ihrer Natur nach der Rottierung und Klubbenverbündung unfähig ist, wegen der Nachrede einer *Propaganda* verdachtlos.

Anhang

I.

Über die Mißhelligkeit zwischen der Moral und der Politik in Absicht auf den ewigen Frieden

Die Moral ist schon an sich selbst eine Praxis in objektiver Bedeutung, als Inbegriff von unbedingt gebietenden Gesetzen, nach denen wir handeln *sollen*, und es ist offenbare Ungereimtheit, nachdem man diesem Pflichtbegriff seine Autorität zugestanden hat, noch sagen zu wollen, daß man es doch nicht *könne*. Denn alsdann fällt dieser Begriff aus der Moral von selbst weg (ultra posse nemo obligatur); mithin kann es keinen Streit der Politik als ausübender Rechtslehre mit der Moral, als einer solchen, aber theoretischen (mithin keinen Streit der Praxis mit der Theorie) geben: man müßte denn unter der letzteren eine allgemeine *Klugheitslehre*, d.i. eine Theorie der Maximen verstehen, zu seinen auf Vorteil berechneten Absichten die tauglichsten Mittel zu wählen, d.i. leugnen, daß es überhaupt eine Moral gebe.

Die Politik sagt: „*Seid klug wie die Schlangen*"; die Moral setzt (als einschränkende Bedingung) hinzu: „*und ohne Falsch wie die Tauben*". Wenn beides nicht in einem Gebote zusammen bestehen kann, so ist wirklich ein Streit der Politik mit der Moral; soll aber doch durchaus beides vereinigt sein, so ist der Begriff vom Gegenteil absurd, und die Frage, wie jener Streit auszugleichen sei, läßt sich gar nicht einmal als Aufgabe hinstellen. Obgleich der Satz: *Ehrlichkeit ist die beste Politik*, eine Theorie enthält, der die Praxis, leider! sehr häufig widerspricht: so ist doch der gleichfalls theoretische: *Ehrlichkeit ist besser denn alle Politik*, über allen Einwurf unendlich erhaben, ja die unumgängliche Bedingung der letzteren. Der Grenzgott der Moral weicht nicht dem Jupiter (dem Grenzgott der Gewalt); denn dieser steht noch unter dem Schicksal, d.i. die Vernunft ist nicht erleuchtet genug, die Reihe der vorherbestimmenden

Ursachen zu übersehen, die den glücklichen oder schlimmen Erfolg aus dem Tun und Lassen der Menschen nach dem Mechanismus der Natur mit Sicherheit vorherverkündigen (obgleich ihn dem Wunsche gemäß hoffen) lassen. Was man aber zu tun habe, um im Gleise der Pflicht (nach Regeln der Weisheit) zu bleiben, dazu und hiemit zum Endzweck leuchtet sie uns überall hell genug vor.

Nun gründet aber der Praktiker (dem die Moral bloße Theorie ist) seine trostlose Absprechung unserer gutmütigen Hoffnung (selbst bei eingeräumtem *Sollen* und *Können*) eigentlich darauf: daß er aus der Natur des Menschen vorherzusehen vorgibt, er *werde* dasjenige nie *wollen*, was erfordert wird, um jenen zum ewigen Frieden hinführenden Zweck zustande zu bringen. – Freilich ist das Wollen *aller einzelnen* Menschen, in einer gesetzlichen Verfassung nach Freiheitsprinzipien zu leben (die *distributive* Einheit des Willens *aller*), zu diesem Zweck nicht hinreichend, sondern daß *alle zusammen* diesen Zustand wollen (die *kollektive* Einheit des vereinigten Willens): diese Auflösung einer schweren Aufgabe wird noch dazu erfordert, damit ein Ganzes der bürgerlichen Gesellschaft werde; und da also über diese Verschiedenheit der partikularen Wollens aller noch eine vereinigende Ursache desselben hinzukommen muß, um einen gemeinschaftlichen Willen herauszubringen, welches keiner von allen vermag: so ist in der *Ausführung* jener Idee (in der Praxis) auf keinen andern Anfang des rechtlichen Zustandes zu rechnen als den durch *Gewalt*, auf deren Zwang nachher das öffentliche Recht gegründet wird; welches dann freilich (da man ohnedem des Gesetzgebers moralische Gesinnung hiebei wenig in Anschlag bringen kann, er werde, nach geschehener Vereinigung der wüsten Menge in ein Volk, diesem es nun überlassen, eine rechtliche Verfassung durch ihren gemeinsamen Willen zustande zu bringen) große Abweichungen von jener Idee (der Theorie) in der wirklichen Erfahrung schon zum voraus erwarten läßt.

Da heißt es dann: wer einmal die Gewalt in Händen hat, wird sich vom Volk nicht Gesetze vorschreiben lassen. Ein Staat, der einmal im Besitz ist, unter keinen äußeren Gesetzen zu stehen, wird sich in Ansehung der Art, wie er gegen andere Staaten sein Recht suchen soll, nicht von ihrem Richterstuhl abhängig machen, und selbst ein Weltteil, wenn er sich einem andern, der ihm übrigens nicht im Wege ist, überlegen fühlt, wird das Mittel der Verstärkung seiner Macht durch Beraubung oder gar Beherrschung desselben nicht unbenutzt lassen; und so zerrinnen nun alle Pläne der Theorie für das Staats-, Völker- und Weltbürgerrecht in sachleere, unausführbare Ideale; dagegen eine Praxis, die auf empirische Prinzipien der menschlichen Natur gegründet ist, welche es nicht für zu niedrig hält, aus der Art, wie es in der Welt zugeht, Belehrung für ihre Maximen zu ziehen, einen sicheren Grund für ihr Gebäude der Staatsklugheit zu finden allein hoffen könne.

Freilich, wenn es keine Freiheit und darauf gegründetes moralisches Gesetz gibt, sondern alles, was geschieht oder geschehen kann, bloßer Mechanismus der Natur ist, so ist Politik (als Kunst, diesen zur Regierung der Menschen zu benutzen) die ganze praktische Weisheit, und der Rechtsbegriff ein sachleerer Gedanke. Findet man diesen aber doch unumgänglich nötig mit der Politik zu verbinden, ja ihn gar zur einschränkenden Bedingung der letztern zu erheben, so muß die Vereinbarkeit beider eingeräumt werden. Ich kann mir nun zwar einen *moralischen Politiker*, d.i. einen, der die Prinzipien der Staatsklugheit so nimmt, daß sie mit der Moral zusammen bestehen können, aber nicht einen *politischen Moralisten* denken, der sich eine Moral so schmiedet, wie es der Vorteil des Staatsmanns sich zuträglich findet.

Der moralische Politiker wird es sich zum Grundsatz machen: wenn einmal Gebrechen in der Staatsverfassung oder im Staatenverhältnis angetroffen werden, die man nicht hat verhüten können, so sei es Pflicht, vornehmlich für Staatsoberhäupter, dahin bedacht zu sein, wie sie sobald wie möglich gebessert und dem Naturrecht, so wie es in der Idee der Vernunft uns zum Muster vor Augen steht, angemessen gemacht werden könne: sollte es auch ihrer Selbstsucht Aufopferungen kosten. Da nun die Zerreißung eines Bandes der staats- oder weltbürgerlichen Vereinigung, ehe noch eine bessere Verfassung an die Stelle derselben zu treten in Bereitschaft ist, aller hierin mit der Moral einhelligen Staatsklugheit zuwider ist: so wäre es zwar ungereimt, zu fordern, jenes Gebrechen müsse sofort und mit Ungestüm abgeändert werden; aber daß wenigstens die Maxime der Notwendigkeit einer solchen Abänderung dem Machthabenden innigst beiwohne, um in beständiger Annäherung zu dem Zwecke (der nach Rechtsgesetzen besten Verfassung) zu bleiben, das kann doch von ihm gefordert werden. Ein Staat kann sich auch schon republikanisch *regieren*, wenn er gleich noch der vorliegenden Konstitution nach despotische *Herrschermacht* besitzt; bis allmählich das Volk des Einflusses der bloßen Idee der Autorität des Gesetzes zur eigenen Gesetzgebung (welche ursprünglich auf Recht gegründet ist) tüchtig befunden wird. Wenn auch durch den Ungestüm einer von der schlechten Verfassung erzeugten *Revolution* unrechtmäßigerweise eine gesetzmäßigere errungen wäre, so würde es doch auch alsdann nicht mehr für erlaubt gehalten werden müssen, das

Volk wieder auf die alte zurückzuführen, obgleich während derselben jeder, der sich damit gewalttätig oder arglistig bemengt, mit Recht den Strafen des Aufrührers unterworfen sein würde. Was aber das äußere Staatenverhältnis betrifft, so kann von einem Staat nicht verlangt werden, daß er seine, obgleich despotische Verfassung (die aber doch die stärkere in Beziehung auf äußere Feinde ist) ablegen solle, solange er Gefahr läuft, von andern Staaten sofort verschlungen zu werden; mithin muß bei jenem Vorsatz doch auch die Verzögerung der Ausführung bis zu besserer Zeitgelegenheit erlaubt sein[15].

Es mag also immer sein, daß die despotisierenden (in der Ausübung fehlenden) Moralisten wider die Staatsklugheit (durch übereilt genommene oder angepriesene Maßregeln) mannigfaltig verstoßen: so muß sie doch die Erfahrung bei diesem ihrem Vorstoß wider die Natur nach und nach in ein besseres Gleis bringen; statt dessen die moralisierenden Politiker, durch Beschönigung rechtswidriger Staatsprinzipien, unter dem Vorwande einer des Guten nach der Idee, wie sie die Vernunft vorschreibt, nicht *fähigen* menschlichen Natur, soviel an ihnen ist, das Besserwerden *unmöglich machen* und die Rechtsverletzung verewigen.

Statt der Praxis, deren sich diese staatsklugen Männer rühmen, gehen sie mit *Praktiken* um, indem sie bloß darauf bedacht sind, dadurch, daß sie der jetzt herrschenden Gewalt zum Munde reden (um ihren Privatvorteil nicht zu verfehlen), das Volk und womöglich die ganze Welt preiszugeben; nach der Art echter Juristen (vom *Handwerke*, nicht von der *Gesetzgebung*), wenn sie sich bis zur Politik versteigen. Denn da dieser ihr Geschäft nicht ist, über Gesetzgebung selbst zu vernünfteln, sondern die gegenwärtigen Gebote des Landrechts zu vollziehen, so muß ihnen jede jetzt vorhandene gesetzliche Verfassung und, wenn diese höhern Orts abgeändert wird, die nun folgende immer die beste sein; wo dann alles so in seiner gehörigen mechanischen Ordnung ist. Wenn aber diese

---

15 Das sind Erlaubnisgesetze der Vernunft, den Stand eines mit Ungerechtigkeit behafteten öffentlichen Rechts noch so lange beharren zu lassen, bis zur völligen Umwälzung alles entweder von selbst greift oder durch friedliche Mittel der Reife nahe gebracht worden: weil doch irgendeine *rechtliche*, obzwar nur in geringem Grade rechtmäßige, Verfassung besser ist als gar keine, welches letztere Schicksal (der Anarchie) eine *übereilte* Reform treffen würde. – Die Staatsweisheit wird sich also in dem Zustande, worin die Dinge jetzt sind, Reformen dem Ideal des öffentlichen Rechts angemessen zur Pflicht machen; Revolutionen aber, wo sie die Natur von selbst herbeiführt, nicht zur Beschönigung einer noch größeren Unterdrückung, sondern als Ruf der Natur benutzen, eine auf Freiheitsprinzipien gegründete gesetzliche Verfassung, als die einzig dauerhafte, durch gründliche Reform zustande zu bringen.

Geschicklichkeit, für alle Sättel gerecht zu sein, ihnen den Wahn einflößt, auch über Prinzipien einer *Staatsverfassung* überhaupt nach Rechtsbegriffen (mithin a priori, nicht empirisch) urteilen zu können; wenn sie darauf großtun, *Menschen* zu kennen (welches freilich zu erwarten ist, weil sie mit vielen zu tun haben), ohne doch *den Menschen*, und was aus ihm gemacht werden kann, zu kennen (wozu ein höherer Standpunkt der anthropologischen Beobachtung erfordert wird), mit diesen Begriffen aber versehen, ans Staats- und Völkerrecht, wie es die Vernunft vorschreibt, gehen: so können sie diesen Überschritt nicht anders als mit dem Geist der Schikane tun, indem sie ihr gewohntes Verfahren (eines Mechanismus nach despotisch gegebenen Zwangsgesetzen) auch da befolgen, wo die Begriffe der Vernunft einen nur nach Freiheitsprinzipien gesetzmäßigen Zwang begründet wissen wollen, durch welchen allererst eine zu Recht beständige Staatsverfassung möglich ist; welche Aufgabe der vorgebliche Praktiker mit Vorbeigehung jener Idee empirisch, aus Erfahrung, wie die bisher noch am besten bestandenen, mehrenteils aber rechtswidrigen Staatsverfassungen eingerichtet waren, lösen zu können glaubt. – Die Maximen, deren er sich hiezu bedient (ob er sie zwar nicht laut werden läßt), laufen ohngefähr auf folgende sophistische Maximen hinaus.

1. Fac et excusa. Ergreife die günstige Gelegenheit zur eigenmächtigen Besitznehmung (entweder eines Rechts des Staats über sein Volk, oder über ein anderes benachbartes); die Rechtfertigung wird sich weit leichter und zierlicher *nach der Tat* vortragen und die Gewalt beschönigen lassen (vornehmlich im ersten Fall, wo die obere Gewalt im Innern sofort auch die gesetzgebende Obrigkeit ist, der man gehorchen muß, ohne darüber zu vernünfteln), als wenn man zuvor auf überzeugende Gründe sinnen und die Gegengründe darüber noch erst abwarten wollte. Diese Dreistigkeit selbst gibt einen gewissen Anschein von innerer Überzeugung der Rechtmäßigkeit der Tat, und der Gott bonus eventus ist nachher der beste Rechtsvertreter.

2. Si fecisti, nega. Was du selbst verbrochen hast, z.B. um dein Volk zur Verzweiflung und so zum Aufruhr zu bringen, das leugne ab, daß es *deine* Schuld sei; sondern behaupte, daß es die der Widerspenstigkeit der Untertanen oder auch, bei deiner Bemächtigung eines benachbarten Volks, die Schuld der Natur des Menschen sei, der, wenn er dem andern nicht mit Gewalt zuvorkommt, sicher darauf rechnen kann, daß dieser ihm zuvorkommen und sich seiner bemächtigen werde.

3. Divide et impera. Das ist: sind gewisse privilegierte Häupter

in deinem Volk, welche dich bloß zu ihrem Oberhaupte (primus inter pares) gewählt haben, so veruneinige jene untereinander und entzweie sie mit dem Volk: stehe nun dem letzteren unter Vorspiegelung größerer Freiheit bei, so wird alles von deinem unbedingten Willen abhängen. Oder sind es äußere Staaten, so ist Erregung der Mißhelligkeit unter ihnen ein ziemlich sicheres Mittel, unter dem Schein des Beistandes des Schwächeren einen nach dem anderen dir zu unterwerfen.

Durch diese politischen Maximen wird nun zwar niemand hintergangen; denn sie sind insgesamt schon allgemein bekannt; auch ist es mit ihnen nicht der Fall sich zu schämen, als ob die Ungerechtigkeit gar zu offenbar in die Augen leuchtete. Denn weil sich große Mächte nie vor dem Urteil des gemeinen Haufens, sondern nur eine vor der andern schämen, was aber jene Grundsätze betrifft, nicht das Offenbarwerden, sondern nur das *Mißlingen* derselben sie beschämt machen kann (denn in Ansehung der Moralität der Maximen kommen sie alle untereinander überein): so bleibt ihnen immer die *politische* Ehre übrig, auf die sie sicher rechnen können, nämlich die der *Vergrößerung ihrer Macht,* auf welchem Wege sie auch erworben sein mag[16].

*

[16] Wenngleich eine gewisse in der menschlichen Natur gewurzelte Bösartigkeit von *Menschen,* die in einem Staat zusammenleben, noch bezweifelt und statt ihrer der Mangel einer noch nicht weit genug fortgeschrittenen Kultur (die Rohigkeit) zur Ursache der gesetzwidrigen Erscheinungen ihrer Denkungsart mit einigem Scheine angeführt werden möchte, so fällt sie doch im äußeren Verhältnis der *Staaten* gegeneinander ganz unverdeckt und unwidersprechlich in die Augen. Im Innern jedes Staats ist sie durch den Zwang der bürgerlichen Gesetze verschleiert, weil der Neigung zur wechselseitigen Gewalttätigkeit der Bürger eine größere Gewalt, nämlich die der Regierung, mächtig entgegenwirkt, und so nicht allein dem Ganzen einen moralischen Anstrich (causae non causae) gibt, sondern auch dadurch, daß dem Ausbruch gesetzwidriger Neigungen ein Riegel vorgeschoben wird, die Entwickelung der moralischen Anlage zur unmittelbaren Achtung fürs Recht wirklich viel Erleichterung bekommt. – Denn ein jeder glaubt nun von sich, daß er wohl den Rechtsbegriff heilig halten und treu befolgen würde, wenn er sich nur von jedem andern eines Gleichen gewärtigen könnte, welches letztere ihm die Regierung zum Teil sichert; wodurch dann ein großer Schritt *zur* Moralität (obgleich noch nicht moralischer Schritt) getan wird, diesem Pflichtbegriff auch um sein selbst willen, ohne Rücksicht auf Erwiderung, anhänglich zu sein. – Da ein jeder aber, bei seiner guten Meinung von sich selber, doch die böse Gesinnung bei allen anderen voraussetzt, so sprechen sie einander wechselseitig ihr Urteil: daß sie alle, was das *Faktum* betrifft, wenig taugen (woher es komme, da es doch der *Natur* des Menschen, als eines freien Wesens, nicht schuld gegeben werden kann, mag unerörtert bleiben). Da aber doch auch die Achtung für den Rechtsbegriff, deren der Mensch sich schlechterdings nicht entschlagen kann, die Theorie des Vermögens, ihm angemessen zu werden, auf das Feierlichste sanktioniert, so sieht ein jeder, daß er seinerseits jenem gemäß handeln müsse, andere mögen es halten, wie sie wollen.

Aus allen diesen Schlangenwendungen einer unmoralischen Klugheitslehre, den Friedenszustand unter Menschen aus dem kriegerischen des Naturzustandes herauszubringen, erhellt wenigstens so viel: daß die Menschen ebensowenig in ihren Privatverhältnissen als in ihren öffentlichen dem Rechtsbegriff entgehen können und sich nicht getrauen, die Politik öffentlich bloß auf Handgriffe der Klugheit zu gründen, mithin dem Begriffe eines öffentlichen Rechts allen Gehorsam aufzukündigen (welches vornehmlich in dem des Völkerrechts auffallend ist), sondern ihm an sich alle gebührende Ehre widerfahren lassen, wenn sie auch hundert Ausflüchte und Bemäntelungen aussinnen sollten, um ihm in der Praxis auszuweichen und der verschmitzten Gewalt die Autorität anzudichten, der Ursprung und der Verband alles Rechts zu sein. – Um dieser Sophisterei (wenngleich nicht der durch sie beschönigten Ungerechtigkeit) ein Ende zu machen und die falschen *Vertreter* der Mächtigen der Erde zum Geständnisse zu bringen, daß es nicht das Recht, sondern die Gewalt sei, der sie zum Vorteil sprechen, von welcher sie, gleich als ob sie selbst hiebei was zu befehlen hätten, den Ton annehmen, wird es gut sein, das Blendwerk aufzudecken, womit man sich und andere hintergeht, das oberste Prinzip, von dem Absicht auf den ewigen Frieden ausgeht, ausfindig zu machen und zu zeigen: daß alles das Böse, was ihm im Wege ist, davon herrühre, daß der politische Moralist da anfängt, wo der moralische Politiker billigerweise endigt, und, indem er so die Grundsätze dem Zweck unterordnet (d.i. die Pferde hinter den Wagen spannt), seine eigene Absicht vereitelt, die Politik mit der Moral in Einverständnis zu bringen.

Um die praktische Philosophie mit sich selbst einig zu machen, ist nötig, zuvörderst die Frage zu entscheiden: ob in Aufgaben der praktischen Vernunft vom *materiellen Prinzip* derselben, dem *Zweck* (als Gegenstand der Willkür), der Anfang gemacht werden müsse, oder vom *formalen*, d.i. demjenigen (bloß auf Freiheit im äußern Verhältnis gestellten), darnach es heißt: Handle so, daß du wollen kannst, deine Maxime solle ein allgemeines Gesetz werden (der Zweck mag sein, welcher er wolle).

Ohne allen Zweifel muß das letztere Prinzip vorangehen; denn es hat als Rechtsprinzip unbedingte Notwendigkeit, statt dessen das erstere nur unter Voraussetzung empirischer Bedingungen des vorgesetzten Zwecks, nämlich der Ausführung desselben, nötigend ist, und wenn dieser Zweck (z.B. der ewige Friede) auch Pflicht wäre, so müßte doch diese selbst aus dem formalen Prinzip der Maximen, äußerlich zu handeln, abgeleitet worden sein. – Nun ist das erstere

Prinzip, das des *politischen Moralisten* (das Problem des Staats-, Völker- und Weltbürgerrechts), eine bloße *Kunstaufgabe* (problema technicum); das zweite dagegen, als Prinzip des *moralischen Politikers,* welchem es eine *sittliche Aufgabe* (problema morale) ist, im Verfahren von dem andern himmelweit unterschieden, um den ewigen Frieden, den man nun nicht bloß als physisches Gut, sondern auch als einen aus Pflichtanerkennung hervorgehenden Zustand wünscht, herbeizuführen.

Zur Auflösung des ersten, nämlich des Staats-Klugheitsproblems, wird viel Kenntnis der Natur erfordert, um ihren Mechanismus zu dem gedachten Zweck zu benutzen, und doch ist alle diese ungewiß in Ansehung ihres Resultats, den ewigen Frieden betreffend: man mag nun die eine oder die andere der drei Abteilungen des öffentlichen Rechts nehmen. Ob das Volk im Gehorsam und zugleich im Flor besser durch Strenge oder Lockspeise der Eitelkeit, ob durch Obergewalt eines einzigen oder durch Vereinigung mehrerer Häupter, vielleicht auch bloß durch einen Dienstadel, oder durch Volksgewalt im Innern und zwar auf lange Zeit gehalten werden könne, ist ungewiß. Man hat von allen Regierungsarten (die einzige echt-republikanische, die aber nur einem moralischen Politiker in den Sinn kommen kann, ausgenommen) Beispiele des Gegenteils in der Geschichte. – Noch ungewisser ist ein auf Statuten nach Ministerialplanen vorgeblich errichtetes *Völkerrecht,* welches in der Tat nur ein Wort ohne Sache ist und auf Verträgen beruht, die in demselben Akt ihrer Beschließung zugleich den geheimen Vorbehalt ihrer Übertretung enthalten. – Dagegen dringt sich die Auflösung des zweiten, nämlich des *Staatsweisheitsproblems,* sozusagen von selbst auf, ist jedermann einleuchtend und macht alle Künstelei zuschanden, führt dabei gerade zum Zweck; doch mit der Erinnerung der Klugheit, ihn nicht übereilterweise mit Gewalt herbeizuziehen, sondern sich ihm, nach Beschaffenheit der günstigen Umstände, unablässig zu nähern.

Da heißt es denn: „Trachtet allererst nach dem Reiche der reinen praktischen Vernunft und nach seiner *Gerechtigkeit,* so wird euch euer Zweck (die Wohltat des ewigen Friedens) von selbst zufallen." Denn das hat die Moral Eigentümliches an sich, und zwar in Ansehung ihrer Grundsätze des öffentlichen Rechts (mithin in Beziehung auf eine a priori erkennbare Politik), daß, je weniger sie das Verhalten von dem vorgesetzten Zweck, dem beabsichtigten, es sei physischem oder sittlichem Vorteil, abhängig macht, desto mehr sie dennoch zu diesem im allgemeinen zusammenstimmt; welches daher kommt, weil es gerade der a priori gegebene allgemeine Wille (in einem Volk, oder im Verhältnis verschiedener Völker untereinander) ist, der allein, was unter Menschen Rechtens ist, bestimmt; diese Vereinigung des Willens aller aber, wenn nur in der Ausübung konsequent verfahren wird, auch nach dem Mechanismus der Natur zugleich die Ursache sein kann, die abgezweckte Wirkung hervorzubringen und dem Rechtsbegriffe Effekt zu verschaffen. – So ist es z.B. ein Grundsatz der moralischen Politik: daß sich ein Volk zu einem Staat nach den alleinigen Rechtsbegriffen der Freiheit und Gleichheit vereinigen solle, und dieses Prinzip ist nicht auf Klugheit, sondern auf Pflicht gegründet. Nun mögen dagegen politische Moralisten noch soviel über den Naturmechanismus einer in Gesellschaft tretenden Menschenmenge, welcher jene Grundsätze entkräftete und ihre Absicht vereiteln werde, vernünfteln, oder auch durch Beispiele schlecht organisierter Verfassungen alter und neuer Zeiten (z.B. von Demokratien ohne Repräsentationssystem) ihre Behauptung dagegen zu beweisen suchen, so verdienen sie kein Gehör; vornehmlich da eine solche verderbliche Theorie das Übel wohl gar selbst bewirkt, was sie vorhersagt, nach welcher der Mensch mit den übrigen lebenden Maschinen in eine Klasse geworfen wird, denen nur noch das Bewußtsein, daß sie freie Wesen sind, beiwohnen dürfte, um sie in ihrem eigenen Urteil zu den elendesten unter allen Weltwesen zu machen.

Der zwar etwas renommistisch klingende, sprichwörtlich in Umlauf gekommene, aber wahre Satz: Fiat iustitia, pereat mundus, das heißt zu deutsch: „Es herrsche Gerechtigkeit, die Schleme in der Welt mögen auch insgesamt darüber zugrunde gehen", ist ein wackerer, alle durch Arglist oder Gewalt vorgezeichneten krummen Wege abschneidender Rechtsgrundsatz; nur daß er nicht mißverstanden und etwa als Erlaubnis sein eigenes Recht mit der größten Strenge zu benutzen (welches der ethischen Pflicht widerstreiten würde), sondern als Verbindlichkeit der Machthabenden, niemandem sein Recht aus Ungunst oder Mitleiden gegen andere zu weigern oder zu schmälern, verstanden wird; wozu vorzüglich eine nach reinen Rechtsprinzipien eingerichtete innere Verfassung des Staats, dann aber auch die der Vereinigung desselben mit andern benachbarten oder auch entfernten Staaten zu einer (einem allgemeinen Staat analogischen) gesetzlichen Ausgleichung ihrer Streitigkeiten erfordert wird. – Dieser Satz will nichts anderes sagen als: die politischen Maximen müssen nicht von der aus ihrer Befolgung zu erwartenden Wohlfahrt und Glückseligkeit eines jeden Staats, also nicht vom Zweck, den sich ein jeder derselben zum Gegenstande macht (vom Wollen), als dem obersten (aber empirischen) Prinzip der Staatsweisheit, sondern von dem reinen Begriff der Rechtspflicht (vom Sollen, dessen Prinzip a priori durch reine Vernunft gegeben ist) ausgehen, die physischen Folgen daraus mögen auch sein, welche sie wollen. Die Welt wird keineswegs dadurch untergehen, daß der bösen Menschen weniger wird. Das moralisch Böse hat die von seiner Natur unabtrennliche Eigenschaft, daß es in seinen Absichten (vornehmlich im Verhältnis gegen andere Gleichgesinnte) sich selbst zuwider und zerstörend ist und so dem (moralischen) Prinzip des Guten, wenngleich durch langsame Fortschritte, Platz macht.

*

Es gibt also *objektiv* (in der Theorie) gar keinen Streit zwischen Moral und der Politik. Dagegen *subjektiv* (in dem selbstsüchtigen Hange der Menschen, der aber, weil er nicht auf Vernunftmaximen gegründet ist, noch nicht Praxis genannt werden muß) wird und mag er immer bleiben, weil er zum Wetzstein der Tugend dient, deren wahrer Mut (nach dem Grundsatze: tu ne cede malis, sed contra audentior ito), in gegenwärtigem Falle nicht sowohl darin besteht, den Übeln und Aufopferungen mit festem Vorsatz sich entgegenzusetzen, welche hiebei übernommen werden müssen, sondern dem weit gefährlicheren lügenhaften und verräterischen, aber doch vernünftelnden, die Schwäche der menschlichen Natur zur Rechtfertigung aller Übertretung vorspiegelnden bösen Prinzip in uns selbst in die Augen zu sehen und seine Arglist zu besiegen.

In der Tat kann der politische Moralist sagen: Regent und Volk, oder Volk und Volk tun *einander* nicht unrecht, wenn sie einander gewalttätig oder hinterlistig befehden, ob sie zwar überhaupt darin unrecht tun, daß sie dem Rechtsbegriffe, der allein den Frieden auf ewig begründen könnte, alle Achtung versagen. Denn weil der eine seine Pflicht gegen den andern übertritt, der gerade ebenso rechtswidrig gegen jenen gesinnt ist, so *geschieht* ihnen beiderseits ganz recht, wenn sie sich untereinander aufreiben, doch so, daß von dieser Rasse immer noch genug übrigbleibt, um dieses Spiel bis zu den entferntesten Zeiten nicht aufhören zu lassen, damit eine späte Nachkommenschaft an ihnen dereinst ein warnendes Beispiel nehme. Die Vorsehung im Laufe der Welt ist hiebei gerechtfertigt; denn das moralische Prinzip im Menschen erlischt nie, die pragmatisch zur Ausführung der rechtlichen Ideen nach jenem Prinzip tüchtige Vernunft wächst noch dazu beständig durch immer fortschreitende Kultur, mit ihr aber auch die Schuld jener Übertretungen. Die Schöpfung allein: daß nämlich ein solcher Schlag von verderbten Wesen überhaupt hat auf Erden sein sollen, scheint durch keine Theodicee gerechtfertigt werden zu können (wenn wir annehmen, daß es mit dem Menschengeschlechte nie besser bestellt sein werde noch könne); aber dieser Standpunkt der Beurteilung ist für uns viel zu hoch, als daß wir unsere Begriffe (von Weisheit) der obersten uns unerforschlichen Macht in theoretischer Absicht unterlegen könnten. – Zu solchen verzweifelten Folgerungen werden wir unvermeidlich hingetrieben, wenn wir nicht annehmen, die reinen Rechtsprinzipien haben objektive Realität, d.i. sie lassen sich ausführen; und darnach müsse auch von seiten des Volks im Staate, und weiterhin von seiten der Staaten gegeneinander gehandelt werden; die empirische Politik mag auch dagegen einwenden, was sie wolle. Die wahre Politik kann also keinen Schritt tun, ohne vorher der Moral gehuldigt zu haben, und obzwar Politik für sich selbst eine schwere Kunst ist, so ist doch Vereinigung derselben mit der Moral gar keine Kunst; denn diese haut den Knoten entzwei, den jene nicht aufzulösen vermag, sobald beide einander widerstreiten. – Das Recht der Menschen muß heilig gehalten werden, der herrschenden Gewalt mag es auch noch so große Aufopferung kosten. Man kann hier nicht halbieren und das Mittelding eines pragmatisch-bedingten Rechts (zwischen Recht und Nutzen) aussinnen, sondern alle Politik muß ihre Knie vor dem ersteren beugen, kann aber dafür hoffen, obzwar langsam, zu der Stufe zu gelangen, wo sie beharrlich glänzen wird.

II.

Von der Einhelligkeit der Politik mit der Moral nach dem transzendentalen Begriffe des öffentlichen Rechts

Wenn ich von aller *Materie* des öffentlichen Rechts (nach den verschiedenen empirisch-gegebenen Verhältnissen der Menschen im Staat oder auch der Staaten untereinander), so wie es sich die Rechtslehrer gewöhnlich denken, abstrahiere, so bleibt mir noch die *Form der Publizität* übrig, deren Möglichkeit ein jeder Rechtsanspruch in sich enthält, weil ohne jene es keine Gerechtigkeit (die nur als *öffentlich kundbar* gedacht werden kann), mithin auch kein Recht, das nur von ihr erteilt wird, geben würde.

Diese Fähigkeit der Publizität muß jeder Rechtsanspruch haben, und sie kann also, da es sich ganz leicht beurteilen läßt, ob sie in einem vorkommenden Falle stattfinde, d.i., ob sie sich mit den Grundsätzen des Handelnden vereinigen lasse oder nicht, ein leicht zu brauchendes, a priori in der Vernunft anzutreffendes Kriterium abgeben, im letzteren Falle die Falschheit (Rechtswidrigkeit) des gedachten Anspruchs (praetensio iuris) gleichsam durch ein Experiment der reinen Vernunft sofort zu erkennen.

Nach einer solchen Abstraktion von allem Empirischen, was der Begriff des Staats- und Völkerrechts enthält (dergleichen das Bösartige der menschlichen Natur ist, welches den Zwang notwendig macht), kann man folgenden Satz die *transzendente Formel* des öffentlichen Rechts nennen:

„Alle auf das Recht anderer Menschen bezogenen Handlungen, deren Maxime sich nicht mit der Publizität verträgt, sind unrecht."

Dieses Prinzip ist nicht bloß als *ethisch* (zur Tugendlehre gehörig), sondern auch als *juridisch* (das Recht der Menschen angehend) zu betrachten. Denn eine Maxime, die ich nicht darf *laut werden* lassen, ohne dadurch meine eigene Absicht zugleich zu vereiteln, die durchaus *verheimlicht* werden muß, wenn sie gelingen soll, und zu der ich mich nicht *öffentlich bekennen* kann, ohne daß dadurch unausbleiblich der Widerstand aller gegen meinen Vorsatz gereizt werde, kann diese notwendige und allgemeine, mithin a priori einzusehende Gegenbearbeitung aller gegen mich nirgend wovon anders als von der Ungerechtigkeit her haben, womit sie jedermann bedroht. – Es ist ferner bloß *negativ*, d. i. es dient nur, um vermittelst desselben, was gegen andere *nicht recht* ist, zu erkennen. – Es ist gleich einem Axiom unerweislich-gewiß und überdem leicht anzuwenden, wie aus folgenden Beispielen des öffentlichen Rechts zu ersehen ist.

1. *Was das Staatsrecht* (ius civitatis), nämlich das innere, *betrifft:* so kommt in ihm die Frage vor, welche viele für schwer zu beantworten halten, und die das transzendentale Prinzip der Publizität ganz leicht auflöst: „Ist Aufruhr ein rechtmäßiges Mittel für ein Volk, die drückende Gewalt eines sogenannten Tyrannen (non titulo, sed exercitio talis) abzuwerfen?" Die Rechte des Volks sind gekränkt, und ihm (dem Tyrannen) geschieht kein Unrecht durch die Entthronung; daran ist kein Zweifel. Nichtsdestoweniger ist es doch von den Untertanen im höchsten Grade unrecht, auf diese Art ihr Recht zu suchen, und sie können ebensowenig über Ungerechtigkeit klagen, wenn sie in diesem Streit unterlägen und nachher deshalb die härteste Strafe ausstehen müßten.

Hier kann nun vieles für und dawider vernünftelt werden, wenn man es durch eine dogmatische Deduktion der Rechtsgründe ausmachen will; allein das transzendentale Prinzip der Publizität des öffentlichen Rechts kann sich diese Weitläufigkeit ersparen. Nach demselben fragt sich vor Errichtung des bürgerlichen Vertrags das Volk selbst, ob es sich wohl getraue, die Maxime des Vorsatzes einer gelegentlichen Empörung öffentlich bekanntzumachen. Man sieht leicht ein, daß, wenn man es bei der Stiftung einer Staatsverfassung zur Bedingung machen wollte, in gewissen vorkommenden Fällen gegen das Oberhaupt Gewalt auszuüben, so müßte das Volk sich einer rechtmäßigen Macht über jenes anmaßen. Alsdann wäre jenes aber nicht das Oberhaupt, oder, wenn beides zur Bedingung der Staatserrichtung gemacht würde, so würde gar keine möglich sein, welches doch die Absicht des Volks war. Das Unrecht des Aufruhrs leuchtet also dadurch ein, daß die Maxime desselben dadurch, daß man sich *öffentlich dazu bekennte,* seine eigene Absicht unmöglich machen würde. Man müßte sie also notwendig verheimlichen. – Das letztere wäre aber von seiten des Staatsoberhauptes eben nicht notwendig. Er kann frei heraus sagen, daß er jeden Aufruhr mit dem Tode der Rädelsführer bestrafen werde, diese mögen auch immer glauben, er habe seinerseits das Fundamentalgesetz zuerst übertreten: denn wenn er sich bewußt ist, die *unwiderstehliche* Obergewalt zu besitzen (welches auch in jeder bürgerlichen Verfassung so angenommen werden muß, weil der, welcher nicht Macht genug hat, einen jeden im Volk gegen den andern zu schützen, auch nicht das Recht hat, ihm zu befehlen), so darf er nicht sorgen, durch die Bekanntwerdung seiner Maxime seine eigene Absicht zu vereiteln, womit auch ganz wohl zusammenhängt, daß, wenn der Aufruhr dem Volk gelänge, jenes Oberhaupt in die Stelle des Untertans zurücktreten, ebensowohl keinen Wiedererlangungsaufruhr beginnen, aber auch nicht zu befürchten haben müßte, wegen seiner vormaligen Staatsführung zur Rechenschaft gezogen zu werden.

2. *Was das Völkerrecht betrifft.* – Nur unter Voraussetzung irgendeines rechtlichen Zustandes (d. i. derjenigen äußeren Bedingung, unter der dem Menschen ein Recht wirklich zuteil werden kann) kann von einem Völkerrecht die Rede sein: weil es als ein öffentliches Recht die Publikation eines jedem das Seine bestimmenden allgemeinen Willens schon in seinem Begriffe enthält, und dieser status iuridicus muß aus irgendeinem Vertrage hervorgehen, der nicht eben (gleich dem, woraus ein Staat entspringt) auf Zwangsgesetze gegründet sein darf, sondern allenfalls auch der einer *fortwährend freien* Assoziation sein kann, wie der obenerwähnte der Föderalität verschiedener Staaten. Denn ohne irgendeinen *rechtlichen Zustand,* der die verschiedenen (physischen oder moralischen) Personen tätig verknüpft, mithin im Naturzustande, kann es kein anderes als bloß ein Privatrecht geben. – Hier tritt nun auch ein Streit der Politik

mit der Moral (diese als Rechtslehre betrachtet) ein, wo dann jenes Kriterium der Publizität der Maximen gleichfalls seine leichte Anwendung findet, doch nur so: daß der Vertrag die Staaten nur in der Absicht verbindet, untereinander und zusammen gegen andere Staaten sich im Frieden zu erhalten, keineswegs aber um Erwerbungen zu machen. – Da treten nun folgende Fälle der Antinomie zwischen Politik und Moral ein, womit zugleich die Lösung derselben verbunden wird.

a) „Wenn einer dieser Staaten dem andern etwas versprochen hat: es sei Hilfeleistung, oder Abtretung gewisser Länder, oder Subsidien u. dgl., frägt sich, ob er sich einem Fall, an dem des Staats Heil hängt, vom Worthalten dadurch losmachen kann, daß er sich in einer doppelten Person betrachtet wissen will, erstlich als *Souverän*, da er niemandem in seinem Staat verantwortlich ist; denn aber wiederum bloß als oberster *Staatsbeamter*, der dem Staat Rechenschaft geben müsse: da denn der Schluß dahin ausfällt, daß, wozu er sich in der ersteren Qualität verbindlich gemacht hat, davon werde er in der zweiten losgesprochen." – Wenn nun aber ein Staat (oder dessen Oberhaupt) diese seine Maxime laut werden ließe, so würde natürlicherweise entweder ein jeder andere ihn fliehen oder sich mit anderen vereinigen, um seinen Anmaßungen zu widerstehen, welches beweiset, daß Politik mit aller ihrer Schlauigkeit auf diesen Fuß (der Offenheit) ihren Zweck selber vereiteln, mithin jene Maxime unrecht sein müsse.

b) „Wenn eine bis zur furchtbaren Größe (potentia tremenda) angewachsene benachbarte Macht Besorgnis erregt: kann man annehmen, sie werde, weil sie *kann*, auch unterdrücken *wollen*, und gibt das den mindermächtigen ein Recht um (vereinigten) Angriffe derselben, auch ohne vorhergegangene Beleidigung?" – Ein Staat, der seine Maxime hier bejahend *verlautbaren* wollte, würde das Übel nur noch gewisser und schneller herbeiführen. Denn die größere Macht würde den kleineren zuvorkommen, und, was die Vereinigung der letzteren betrifft, so ist das nur ein schwacher Rohrstab gegen den, der das divide et impera zu benutzen weiß. – Diese Maxime der Staatsklugheit, öffentlich erklärt, vereitelt also notwendig ihre eigene Absicht und ist folglich ungerecht.

c) „Wenn ein kleinerer Staat durch seine Lage den Zusammenhang eines größeren trennt, der diesem doch zu seiner Erhaltung nötig ist, ist dieser nicht berechtigt, jenen sich zu unterwerfen und mit dem seinigen zu vereinigen?" – Man sieht leicht, daß der größere eine solche Maxime ja nicht vorher müsse laut werden lassen; denn entweder die kleinern Staaten würden sich frühzeitig vereinigen, oder andere Mächtige würden um diese Beute streiten, mithin macht sie sich durch ihre Offenheit selbst untunlich; ein Zeichen, daß sie ungerecht ist und es auch in sehr hohem Grade sein kann; denn ein klein Objekt der Ungerechtigkeit hindert nicht, daß die daran bewiesene Ungerechtigkeit sehr groß sei.

3. *Was das Weltbürgerrecht betrifft,* so übergehe ich es hier mit Stillschweigen: weil wegen der Analogie desselben mit dem Völkerrecht die Maximen desselben leicht anzugeben und zu würdigen sind.

*

Man hat hier nun zwar an dem Prinzip der Unverträglichkeit der Maximen des Völkerrechts mit der Publizität ein gutes Kennzeichen der *Nichtübereinstimmung* der Politik mit der Moral (als Rechtslehre). Nun bedarf man aber auch belehrt zu werden, welches denn die Bedingung ist, unter der ihre Maximen mit dem Recht der Völker übereinstimmen. Denn es läßt sich nicht umgekehrt schließen: daß, welche Maximen die Publizität vertragen, dieselben darum auch gerecht sind, weil, wer die entschiedene Obermacht hat, seiner Maximen nicht Hehl haben darf. – Die Bedingung der Möglichkeit eines Völkerrechts überhaupt ist: daß zuvörderst ein *rechtlicher Zustand* existiere. Denn ohne diesen gibt's kein öffentliches Recht, sondern alles Recht, was man sich außer demselben denken mag (im Naturzustande), ist bloß Privatrecht. Nun haben wir oben gesehen: daß ein föderativer Zustand der Staaten, welcher bloß die Entfernung des Krieges zur Absicht hat, der einzige, mit der *Freiheit* derselben vereinbare *rechtliche* Zustand sei. Also ist die Zusammenstimmung der Politik mit der Moral nur in einem föderativen Verein (der also nach Rechtsprinzipien a priori gegeben und notwendig ist) möglich, und alle Staatsklugheit hat zur rechtlichen Basis die Stiftung des ersteren in ihrem größtmöglichen Umfange, ohne welchen Zweck alle ihre Klügelei Unweisheit und verschleierte Ungerechtigkeit ist. – Diese Afterpolitik hat nun ihre *Kasuistik,* trotz der besten Jesuiterschule, – die reservatio mentalis: in Abfassung öffentlicher Verträge mit solchen Ausdrücken, die man gelegentlich zu seinem Vorteil auslegen kann, wie man will (z. B. den Unterschied des status quo de fait und de droit); – den Probabilismus: böse Absichten an anderen zu erklügeln oder auch Wahrscheinlichkeiten ihres möglichen Übergewichts zum Rechtsgrunde der Untergrabung anderer, friedlicher Staaten zu machen; – das endlich das peccatum philosophicum (peccatillum, baggatelle): das Verschlingen eines *kleinen* Staats, wenn dadurch ein viel *größerer* zum vermeintlich größeren Weltbesten gewinnt, für eine leicht-verzeihliche Kleinigkeit zu halten[17].

Den Vorschub hiezu gibt die Zweizüngigkeit der Politik in Ansehung der Moral, einen oder den andern Zweig derselben zu ihrer Absicht zu benutzen. – Beides, die Menschenliebe und die Achtung fürs *Recht* der Menschen, ist Pflicht; jene aber nur *bedingte,* diese dagegen *unbedingte,* schlechthin gebietende Pflicht, welche nicht übertreten zu haben derjenige zuerst völlig versichert sein muß, der sich dem süßen Gefühl des Wohltuns überlassen will. Mit der Moral im ersteren Sinne (als Ethik) ist die Politik leicht einverstanden, um das Recht der Menschen ihren Oberen preiszugeben; aber mit der in der zweiten Bedeutung (als Rechtslehre), vor der sie ihre Knie beugen müßte, findet sie es ratsam, sich gar nicht auf Vertrag einzulassen, ihr lieber alle Realität abzustreiten und alle Pflichten auf lauter Wohlwollen auszudeuten; welche Hinterlist einer lichtscheuen Politik doch von der Philosophie durch die Publizität jener ihrer Maximen leicht vereitelt werden würde, wenn jene es nur wagen wollte, dem Philosophen die Publizität der seinigen angedeihen zu lassen.

In dieser Absicht schlage ich ein anderes transzendentales und bejahendes Prinzip des öffentlichen Rechts vor, dessen Formel diese sein würde:

„Alle Maximen, die der Publizität *bedürfen* (um ihren Zweck nicht zu verfehlen), stimmen mit Recht und Politik vereinigt zusammen."

Denn wenn sie nur durch die Publizität ihren Zweck erreichen können, so müssen sie dem allgemeinen Zweck des Publikums (der Glückseligkeit) gemäß sein, womit zusammen zu stimmen (es mit seinem Zustande zufrieden zu machen) die eigentliche Aufgabe der Politik ist. Wenn aber dieser Zweck *nur* durch die Publizität, d.i. durch die Entfernung alles Mißtrauens gegen die Maximen derselben, erreichbar sein soll, so müssen diese auch mit dem Recht des Publikums in Eintracht stehen; denn in diesem allein ist die Vereinigung der Zwecke aller möglich. – Die weitere Ausführung und Erörterung dieses Prinzips muß ich für eine andere Gelegenheit aus-

---

[17] Die Belege zu solchen Maximen kann man in des Herrn Hofr. Garve Abhandlung: „Über die Verbindung der Moral mit der Politik, 1788", antreffen. Dieser würdige Gelehrte gesteht gleich zu Anfange, eine genugtuende Antwort auf diese Frage nicht geben zu können. Aber sie dennoch gutzuheißen, obzwar mit dem Geständnis, die dagegen sich regenden Einwürfe nicht völlig heben zu können, scheint mir doch eine gröden, auf das Feierlichste sanktioniert, so sieht ein jeder, daß er seinerseits jenem gemäß wohl ratsam sein möchte, einzuräumen.

setzen; nur daß es eine transzendentale Formel sei, ist aus der Entfernung aller empirischen Bedingungen (der Glückseligkeitslehre), als der Materie des Gesetzes, und der bloßen Rücksicht auf die Form der allgemeinen Gesetzmäßigkeit zu ersehen.

*

Wenn es Pflicht, wenn zugleich begründete Hoffnung da ist, den Zustand eines öffentlichen Rechts, obgleich nur in einer ins Unendliche fortschreitenden Annäherung wirklich zu machen, so ist der *ewige Friede,* der auf die bisher fälschlich so genannten Friedensschlüsse (eigentlich Waffenstillstände) folgt, keine leere Idee, sondern eine Aufgabe, die nach und nach aufgelöst, ihrem Ziele (weil die Zeiten, in denen gleiche Fortschritte geschehen, hoffentlich immer kürzer werden) beständig näher kommt.

Gesicht in der Menge

Die Herderbücherei jetzt 500 Bände alt

Siebzehn Jahre brauchte die Herderbücherei, um ihren 500. Band zu erreichen. Auf den 1000. Band brauchen die Leser keine zehn Jahre mehr zu warten. Die Taschenbuchredaktion hat in letzter Zeit ein neues Tempo vorgelegt. Statt zwei bis drei, erscheinen jetzt fünf bis sechs Bände im Monat. Flucht in die Quantität?

Das wird ernsthaft bestritten. Mehr Titel – das sei die Antwort auf mehr Fragen, die heute auf die Herderbücherei zukommen. Man spricht von Alternativrolle, in die man durch die doktrinäre Einseitigkeit anderer großer Serien gedrängt werde.

So entstand die Gelbe Serie (Gesamtauflage jetzt 300000), in der u. a. Helmut Schoeck, Hermann Lübbe, Wilhelm Hennis und Günter Rohrmoser eine wirksame publizistische Plattform fanden. Auch der 500. Band – eine kritische Zwischenbilanz unseres Zeitalters von Anton Böhm „Leben im Zwiespalt“ – erscheint in dieser Titelgruppe. Ab Oktober wird der Rahmen weitergesteckt. HERDERBÜCHEREI INITIATIVE, ein von Gerd-Klaus Kaltenbrunner herausgegebenes Zweimonatstaschenbuch, soll den kulturrevolutionären Zukunftsvorstellungen ein Programm der praktischen Vernunft entgegenstellen. Die ersten Titel: Plädoyer für die Vernunft, Klassenkampf und Bildungsreform, Die Herausforderung der Konservativen.

Psychologie und Psychagogik sind das zweite große Thema der Herderbücherei. Hier reiht sich von Joachim Bodamers „Mensch ohne Ich“ bis zu den Publikationen von Christa Meves, die in den letzten drei Jahren eine Taschenbuchauflage von über 500000 Exemplaren erreichte, Erfolg an Erfolg. Dabei ist in allen Bänden davon die Rede, daß der Mensch zunächst einmal sich selbst ändern muß, wenn er glücklich werden will. Auch die Serie Pädagogik, die seit 1973 das populäre Programm der Elterninformation mit Fachberichten für den Lehrer ergänzt, läßt utopische Weltverbesserungsideen links liegen und wendet sich der Schulwirklichkeit zu.

Daß die religiöse Frage nicht ausgeklammert werden kann, wenn man sich mit den Bedingungen einer humanen Existenz beschäftigt, ist selbstverständlich. Die Herderbücherei zog die Konsequenz daraus und brachte in regelmäßiger Folge Glaubensdokumente und aktuelle theologische Informationen. Die führenden Denker beider Konfessionen sind in der Autorenliste mit beträchtlichen Auflagezahlen vertreten, u. a. Karl Rahner (600000), der Friedenspreisträger des Deutschen Buchhandels 1974 Roger Schutz (250000), Hans Küng (70000) und Helmut Thielicke (50000). Für das Jubiläumsprogramm beschrieb der tschechische Schachgroßmeister Ludek Pachman seinen Weg vom Marxismus zum Christentum. Dem Lebenszeugnis des einzelnen mißt die Redaktion besondere Bedeutung bei.

Fünfhundert Bände – Rücken an Rücken gestellt eine Phalanx von 5,50 m – eine Vielfalt, die sich nicht auf ein paar Grundlinien reduzieren läßt. Wo soll man die „Blaue Serie“ einordnen, in der Experten wie Carl Friedrich von Weizsäcker, Karl Steinbuch, Joachim Illies, Heinrich Zoller Grenzfragen der Naturwissenschaften diskutieren? Wohin mit den Nachschlagewerken und Studienbüchern, die Semester für Semester ihren Käuferkreis finden? Darf man die historischen Taschenbücher unerwähnt lassen, die bewußt gegen den Trend der Geschichtslosigkeit geschrieben und verlegt werden?

Siebzehn Jahre Herderbücherei, das ist selbst schon ein kleines Stück Geschichte, am deutlichsten ablesbar am Verstummen der großen katholischen Literaturbewegung, die im Beginn der Reihe z.B. durch Reinhold Schneider, Werner Bergengruen, Georges Bernanos und Paul Claudel repräsentiert war. Von den literarischen Ansätzen blieb nur die Tradition eines G. K. Chesterton und eines Bruce Marshall: das humoristische Feuilleton, die hintergründige Zeitsatire. Dieses Gebiet wird von der Redaktion nach wie vor mit stiller Vorliebe gepflegt; denn das befreiende Lachen soll den Herderbücherei-Lesern nicht ausgehen. Ein optimistisches Vorhaben freilich, wenn man bedenkt, daß Herder nach einer neuen Allensbach-Umfrage 6 Millionen Taschenbuchkunden erreicht.

Carl Friedrich
von Weizsäcker

Voraussetzungen des naturwissenschaftlichen Denkens

Herderbücherei Band 415 · 144 Seiten

Carl Friedrich von Weizsäcker gehört zu den wenigen Physikern und Philosophen, die die heutigen Probleme der Naturwissenschaft nicht nur im Horizont ihrer neuzeitlichen Entfaltung erkennen, sondern aus der Geschichte des abendländischen Denkens im ganzen. Im ersten Teil der hier vorgelegten Auswahl werden der geschichtlich höchst folgenreichen Grundlegung der naturwissenschaftlich-mathematischen Denkweise durch Descartes einige Leitbegriffe aus Goethes forschendem Umgang mit der Natur gegenübergestellt. Schon diese Beiträge deuten an, daß das Unausmeßbare die tragende Voraussetzung der messenden Naturwissenschaft ist.

Im zweiten Teil stellt sich der Autor aktuellen Fragen der Naturphilosophie. Er kritisiert die weitverbreitete These von der Exaktheit der Sprache der Physiker und weist nach, daß auch Informationstheorie und Kybernetik an die Umgangssprache gebunden bleiben. Darauf folgt ein in die Zukunft weisender Beitrag über die philosophische Aufgabe im Bereich der modernen Physik. Er stellt sich dabei auch die grundsätzliche Frage, was Naturgesetze eigentlich sind und worauf ihre relative Konsistenz beruht.

Herderbücherei